DeepSeek 文案变现

秋叶　宋宋 ◎著

中国科学技术出版社

·北　京·

图书在版编目（CIP）数据

DeepSeek 文案变现 / 秋叶 , 宋宋著 . -- 北京 : 中
国科学技术出版社 , 2025. 5（2025.5 重印）.
ISBN 978-7-5236-1350-4

Ⅰ . G206.2-39

中国国家版本馆 CIP 数据核字第 20253FY898 号

策划编辑	申永刚　赵　嵘	
责任编辑	赵　嵘	
封面设计	东合社	
版式设计	愚人码字	
责任校对	吕传新	
责任印制	李晓霖	

出　　版	中国科学技术出版社
发　　行	中国科学技术出版社有限公司
地　　址	北京市海淀区中关村南大街 16 号
邮　　编	100081
发行电话	010-62173865
传　　真	010-62173081
网　　址	http://www.cspbooks.com.cn

开　　本	880mm×1230mm 1/32
字　　数	140 千字
印　　张	7.75
版　　次	2025 年 5 月第 1 版
印　　次	2025 年 5 月第 2 次印刷
印　　刷	北京盛通印刷股份有限公司
书　　号	ISBN 978-7-5236-1350-4/G·1087
定　　价	59.80 元

前言
用活 DeepSeek，人人都是文案高手

2025 年年初，一个义乌老板娘用"DeepSeek+AI"做跨国生意登上了热搜。她对着镜头说"一二三四五"并录制视频，然后用 DeepSeek 生成商品文案，再通过 AI（人工智能）把视频和文案整合，制作成几十种语言的视频，即可跨国销售。凭借一段十几秒的视频，她直接卖空了某款商品。对于大部分用户来说，这是 DeepSeek 变现非常具象化的案例之一了，但实际上，我们可能真的在浪费 DeepSeek 80% 的变现潜力……

过去，为了构思一个爆款选题，整个编辑团队数十人往往要花费大量时间和精力去召开头脑风暴会议。他们只有在海量信息中收集、汇总、归纳数百乃至数千个潜在选题，经过层层筛选与反复斟酌，才有可能找出寥寥数个大众感兴趣的爆款选题。这一过程不仅耗时费力，结果还充满不确定性。

但现在，只需在 DeepSeek 工具中输入简单指令，就能在短时间内批量生成上百个爆款选题。更为惊艳的是，它还能运用智能算法从中精准筛选出传播指数高的黄金选题。在竞

争激烈的写作赛道上，这无疑是降维打击般的存在，极大地提升了选题策划的效率与质量，为好文案奠定了坚实的流量基础。

过去，为了梳理文章逻辑，创作者们往往需要花费大量时间在并列逻辑、递进逻辑、总分总逻辑等诸多结构中反复权衡，思考究竟哪种逻辑结构能更好地呈现文章内容，引导读者理解。这一过程常常让人绞尽脑汁，稍有不慎还可能导致逻辑混乱。但现在，DeepSeek 能在短短几分钟内，依据输入的关键信息，运用 SCQA（情境、冲突、问题、答案）等各种经典商业文案框架，将文章逻辑梳理得清清楚楚。无论是复杂的论证结构，还是简洁的叙事脉络，它都能轻松驾驭，为文案搭建起坚实的骨架，确保信息传递顺畅无阻。

至于文采，DeepSeek 更是展现出惊人实力。只需数秒，它就能撰写出令人拍案叫绝的金句。例如，DeepSeek 为文案创作赋能的 5 句金句（事实上只要你发出指令，它就可以在短时间内生成 100 句）。

1. 思维火花的点燃者——将混沌的灵感碎片熔炼为璀璨的创意银河

2. 文字边界的破壁者——用算法解码人性共鸣，让每个字符都孕育情感力量

> 3. 创意效率的永动机——1 秒展开千条构思脉络，3 分钟重构百万级语料宇宙
>
> 4. 精准洞察的量子眼——穿透数据迷雾捕捉用户心智的共振频率
>
> 5. 风格万花筒铸造师——从诗意隽永到商业锐利，随心切换 127 种人格化笔触
>
> ……

那么，DeepSeek 可以生成引发共鸣的案例吗？

DeepSeek 生成案例或故事的速度极快，并且产出的内容逻辑严密、文采斐然、选题精准。但细细感受，会发现这些案例总是少了些温度……而这恰恰为创作者留下了更彻底的施展空间——**DeepSeek 高效解决 80% 的标准化问题，而人类独有的生命体验，才是点燃最后 20%，甚至引爆 200% 情感引信的秘诀。**

DeepSeek 当然不是万能的，即便在 AI 如此迅速迭代的当下，它也依旧只是工具。是的，你是主人，DeepSeek 只是工具，一柄创作利器，能划开文字迷雾，剃除文档冗余，助力创作者守护心灵温度。当你在凌晨 3 点被素材泥潭困住，它能将散乱信息编织成逻辑链条；当创意枯竭时，它用跨领域的思维擦出火花；当你时间零碎无法在自媒体上自我表达时，

它能高效、精准地替你发声呐喊……AI 无法替代人类，但可以凭借进化助力人类。就像电脑不曾干扰书法，活字印刷反而让思想燎原。那些曾被烦琐文字素材吞噬的深夜，被重复劳动磨钝的敏锐，此刻都能归还给创作——让文字像山涧般自然流淌。

当某品牌总监炫耀其 200 人内容团队时，我们默默用 DeepSeek 单日产出了 317 条爆款选题；当传统广告公司还在为某汽车文案的"尊贵感"争论不休时，我们已经通过 DeepSeek 生成 50 版精准定位不同受众的广告语。这个时代最残酷的认知差在于：**90% 的文案从业者，正在用石器时代的思维驾驭智能时代的先进工具。**

此刻坐在屏幕前的你，键盘上方悬浮着人类文明的智慧结晶。

按下回车键的瞬间，你启动的不是某个 AI 软件，而是一场属于这个时代的认知革命。当 DeepSeek 揭开写作的神秘面纱，我们会发现：借助这个工具，人人都能成为文案高手，前提是——你要敢于握住这个打开新世界的工具。

目 录　　　　　　CONTENTS

⊗ 深度思考（R1）　⊕ 联网搜索

第 8 章

你独一无二的个性，才是 DeepSeek 最需要的语料 / 217

出 版 说 明

　　为真实呈现 AI 创作的内容，本书最大限度地保留了 DeepSeek 生成文本及图片的原始样貌，目的是对作者的实操方法进行最优化呈现。书中案例的部分表述可能存在偶发字词疏漏，此系为保留生成内容原貌所致，仅为如实呈现 AI 实操方法，特此说明。

第 1 章

写出好文案，你必须具备的文案思维

⊗ 深度思考（R1）　⊕ 联网搜索　　　　　　　🔗 ↑

C H A P T E R 　　1

想要摆脱千篇一律，写出打动人心的好文案，不妨从以下 4 种思维模式入手。结合精准的"提示词模板"，有意识地训练 DeepSeek 工具，能让你的创作事半功倍。

↑ 1.1 吸引力法则：3 秒抓住眼球的 Deep-Seek 文案秘籍

好文案的核心在于吸引力，而非华丽的辞藻或高格调的文风。这些固然能为文案增色，但真正决定文案成功的关键在于它能吸引受众持续阅读并引发共鸣。只有具备吸引力的文案，才能更广泛地传播，并有效推动商业转化。**换句话说，好文案的本质是"抓住人心"，而不是"堆砌辞藻"。**

1.1.1 "与我有关"法则：让用户觉得这是专属福利

在信息爆炸的时代，每个人的时间和精力都极为有限，这决定了用户更倾向于关注与"我"（用户）有关的内容。要让用户深刻体验到文案与"我"的联系，无论是通过提供情绪价值，还是实用价值，关键在于让用户感受到文案与自身的紧密关联。

在《文案之道：全球 32 位顶尖广告人亲述文案创作心法》一书里，苹果公司的"御用"文案人员——史蒂夫·海登这样写道：

想成为高薪文案，请取悦客户；

想成为获奖文案，请取悦自己；

想成为伟大文案，请取悦读者。

海登通过3个"如果"，巧妙地将读者代入共鸣场景："对啊，我的痛点就是无法多赚钱、多得奖、得到肯定。我很想实现这些目标，但我该怎么做呢？"这种代入感让文案瞬间充满吸引力。

基于此，我们总结出以下3点与"我"有关的文案技巧。

1. 人称代词的巧妙运用

使用"你""我""他"等人称代词，第一时间拉近用户与文案的距离。例如："你是否也曾为……而烦恼？"这样的开场白，直接让用户感受到文案是为自己量身定制的。

2. 共鸣场景的构建

通过描绘与用户生活息息相关的场景，激起他们解决自身问题的兴趣。例如："当你面对……时，是否感到无从下手？"这种提问方式会让用户立刻联想到自己的经历，从而产生共鸣。

3. 痛点场景与人称代词的结合

将用户的痛点与人称代词结合，能够更有效地吸引他们的注意力。例如："你是否厌倦了……？试试这个方法，让你轻松摆脱困扰。"这种表达方式不仅点出了用户的痛点，还提供了解决方案，让用户感受到文案的实用价值。

知道这 3 点技巧后，我们就可以形成固定模板，调教 DeepSeek 写出与"我"有关、让用户有代入感的文案。

⌷ 提示词模板

我要写 ×× 文案（需求），请你：

（1）从用户的痛点场景出发。

（2）从"你""我""他"等人称代词角度出发。

（3）撰写 × 条让用户有代入感的推广文案。

（4）每条文案在 ×× 字左右。

举例，某作家要推广《DeepSeek 文案变现》一书，急需推广文案。我们可以这样向 DeepSeek 提问。

我要推广《DeepSeek 文案变现》一书，请你从**用户的痛点场景、从"你""我""他"等人称代词角度出发**，撰写 3 条让用户有代入感的推广文案，让用户看完有购买欲，每条文案在 30 字左右。

让我们来看看 DeepSeek 给出的文案。

1. 你的文案还在自嗨没人看？他靠《DeepSeek 文案变现》一书月入过万，你的文字离变现只差这本书！（痛点：无效创作；解法：工具赋能变现）

2. 你熬夜改稿 3 小时，他用 DeepSeek 3 分钟出爆款！这本书让你告别无效加班，文字秒变摇钱树！（痛点：低效耗时；解法：工具提效 + 变现路径）

3. "他的咖啡店文案让销量翻倍"，你差的不是文采，而是这本书里变现的底层逻辑！（痛点：缺乏方法论；解法：精准定位 + 创意公式）

是不是瞬间就让你代入了痛点场景？这就是 DeepSeek 工具的高效之处，只要给它"关键词"，它就能批量生产出惊喜文案。我们只需要选择最满意的一句，不断重复模板提问，融入个人感受，最终就能优化出具有个人特色的优质文案。

1.1.2 反套路法则：突破常规更吸引眼球

有时候，运用套路的确能够吸引到一定的流量。然而，当用户频繁接触套路后，就很容易产生审美疲劳。此时，若采用反套路的方式，出其不意地打破常规，反而能吸引用户的注意力，让他们更容易接受文案所传达的价值。

若想让 DeepSeek 更了解你的喜好，就可以多"投喂"它一些你喜欢的文案。

以百度 App（应用）的一则系列投放广告为例：

别问！

七夕送什么礼物合适？

礼物可以有"必选清单"，

但感情的问题没有标准答案。

七夕节，大家都会习惯性地询问送什么礼物合适。但这则文案却打破常规，直接用"别问"引发了人们的好奇心，促使他们主动去探寻所谓的"必选清单"。

对于这类反套路文案，我们可以对其创作逻辑进行如下拆解：

（1）销售类文案摒弃修饰性形容词，简洁明了地突出优惠信息。

（2）使用简洁、直白的语言，直截了当地表达核心观点。

（3）采用正话反说的手法，颠覆用户的固有认知。

知道"反套路"能让文案更有吸引力后，我们可以调整提问模板，调教 DeepSeek 写出我们想要的反套路文案。

提示词模板

我想要写×××文案（需求），宣传××品牌，获得××结果，请你：

（1）避免套路，直接表达重点。

（2）正话反说，颠覆用户认知。

（3）撰写××条让用户觉得突破常规的文案。

（4）每条文案在××字左右。

举例，秋叶家产品——AI智能办公实战营庆中秋8折优惠，如何写推广文案？

我们可以这样向DeepSeek提问。

我要为"秋叶家产品——AI智能办公实战营庆中秋8折优惠"写推广文案，宣传秋叶品牌，卖出课程，请你**反套路直接表达出8折优惠，正话反说颠覆用户认知**，撰写3条让用户觉得打破常规的文案，每条文案在30字左右。

让我们来看看DeepSeek给出的文案。

1.千万别学！学完AI办公，老板以为你雇了替身加班。（否定式开场制造悬念，暗示效率提升）

2. 8 折太亏？建议涨价！毕竟学会 AI 办公，同事都以为你雇了诸葛亮。（质疑优惠合理性，强化价值感）

3. 中秋别送月饼！送这课送到心上——学完 AI 办公，工作"摸鱼"都能拿奖金。（颠覆传统赠礼场景，反常识凸显课程实用性）

我们会发现，AI 其实未必能很好地理解反套路的真正内涵，但 DeepSeek 按要求写出来的文案，还是避开了常见的"高大上"套路，一定程度上把吸引用户的核心要点表达出来了，尤其是"学会 AI 办公，同事都以为你雇了诸葛亮"，这句话极大地拓展了文案创作者的思路，为我们继续优化文案提供了便利。

1.1.3 制造对比法则：快速制造认知冲突的秘诀

涉及价格、促销类的文案，一定要试试用制造对比的方式来撰写。制造对比这一写作技巧，是指在文案中引入两种及以上元素进行对比，利用反差来突出产品的卖点或文案想要传达的情感。这种强烈的反差能让用户心生"不得不服"的好感，进而被文案吸引。

OPPO 手机有一句广为人知的广告文案，就巧妙地运用了制造对比法则。

充电五分钟,

通话两小时。

　　这句对仗工整的金句,"五分钟"与"两小时"形成了强烈对比,既精准击中了用户"出门最怕手机没电"的痛点,又让用户直观感受到 OPPO 手机充电的高效,这则广告自然深入人心。

　　这类制造对比文案的背后,有其合理的逻辑支撑:

　　(1)运用结构相同但意思相反的词语造句,可增强文案的张力。

　　(2)将用户痛点和产品带来的超预期体验进行对比,通过强烈反差直接呈现产品的利益点。

　　(3)对比不同品类但价格相同的产品,能凸显某一产品的实惠。

　　知道制造对比的逻辑后,我们可以整理出调教 DeepSeek 的提示词模板。

🗨 提示词模板

　　我想要写 ×××文案(需求),用制造对比的方式,请你:

　　(1)写出"结构相同但意思相反"的文案。

（2）将用户痛点和产品带来的超预期体验进行对比。

（3）撰写 ×× 条让用户觉得突破常规的文案。

（4）每条文案在 ×× 字左右。

我们用同样的案例来看下对比带来的不同的效果。举例，秋叶家产品——AI 智能办公实战营庆中秋 8 折优惠，如何写推广文案？

我们可以这样向 DeepSeek 提问。

我要为"秋叶家产品——AI 智能办公实战营庆中秋 8 折优惠"写推广文案，宣传秋叶品牌，卖出课程，请你写出结构相同、意思相反的文案，将用户痛点和产品带来的超预期体验进行对比，撰写 3 条让用户觉得感到意外的文案，每条文案在 30 字左右。

让我们来看看 DeepSeek 给出的文案。

1.副业摸索半年零收入，实惨！AI 实战营 28 天变现，必报！

（痛点：副业试错成本高；超预期：变现路径实现闭环）

> 2. 朋友圈文案半天憋不出，好痛！秋叶 AI 模板 3 秒出爆款，快学！
>
> （痛点：创作卡壳；超预期：秒出转化）
>
> 3. 传统办公加班熬夜做报表，痛哭！秋叶 AI 秒出模板省时 80%，躺赚！
>
> （痛点：低效重复劳动；超预期：效率翻倍）

因为字数限制，文案未必能很好地呈现优势，但 DeepSeek 数秒内就能创作出如此体现对比、反转的文案，着实令人惊喜。当然，文案创作者更需要不断修炼内功，找到不同事物、不同观点、不同情绪、不同价格和不同产品的反差，最大限度地凸显产品的卖点，更好地提出问题，持续不断地调教 DeepSeek 工具，从而更好地优化文案。

1.1.4 引人好奇法则：顺应用户心理悄悄"种草"

实际上，想要让文案具备吸引力，有一个能在多个领域使用的万能模板。它特别适合用于向 DeepSeek 提问，即"为什么"模板。这个模板通过提出引人好奇的问题，在文案中巧妙地设下"诱饵"，吸引用户不由自主地想要深入了解更多信息。这种引导用户主动探寻答案的方式，更有可能在不知不觉中让用户对产品或内容产生兴趣。

基于引人好奇来提升文案吸引力的逻辑，我们总结出以下 3 点：

（1）将"为什么"与用户的痛点场景相结合，以此勾起用户的好奇心。

（2）讲述故事或表达观点时只说一半，用省略号制造悬念。

（3）运用"天哪"一类的感叹词，表达惊奇感。

我们直接把这些技巧转化为 DeepSeek 提示词模板。

💬 提示词模板

我想要写 ×× 文案（需求），请写 × 句激发用户好奇心的"种草"文案：

（1）用"为什么"引出用户的痛点场景。

（2）观点 / 故事欲说还休，用省略号制造悬念。

（3）可用一些感叹词表达惊奇感，撰写 × 条激发用户好奇心的文案。

（4）每条文案在 ×× 字左右。

举例，某销售沟通力训练营要求学员撰写"向成功人士学沟通技巧"的营销文案。

我们可以这样向 DeepSeek 提问。

我要为某销售沟通力训练营写主题为"向成功人士学沟通技巧"的营销文案，**请你用"为什么"引出用户痛点，观点/故事欲说还休，用省略号制造悬念，可用一些感叹词表达惊奇感**，撰写 3 条激发用户好奇心的文案，每条文案在 30 字左右。

让我们来看看 DeepSeek 给出的文案。

1. 为什么客户总说"再考虑"？揭秘王牌销售员 3 句让客户下单的暗语……原来沟通差的不是话术！（痛点：无效话术导致流失；悬念：成功人士的技巧）

2. 为什么业绩总差一口气？他们靠反常识提问法让客户主动加预算……这技巧竟藏在人性的弱点里！（痛点：价格僵局；悬念：颠覆认知的提问策略）

3. 为什么客户总对你不信任？成功人士的停顿战术让每句话穿透人心……沟通差的根本不是嘴！（痛点：关系难破冰；悬念：肢体与节奏的隐藏力量）

必须说，DeepSeek 根据指令完成文案的能力真的很强，每条文案都清晰地指出痛点，让用户产生共鸣，并且每条文案都突出了解决问题的方法，激发用户的好奇心。最令人惊喜的是，文案还设置了一些潜在的利益承诺，暗示简单易学但效果显著，这是吸引用户关注、实现高转化的关键因素。

如果我们能融会贯通，将 4 种提问模板相结合，就能调教 DeepSeek，优化出符合我们期望的文案。这种综合运用的方法，将使我们能够精准地引导 AI 工具，实现文案的持续优化和提升。

↑ 1.2　代入感秘籍：调教 DeepSeek 写出有沉浸感的文案

引发共鸣的文案，能精准触动用户心弦。用户"代入"文案情境，跟随文字指引以第一视角体会剧情、深陷情绪旋涡时，产品价值点便能悄然赢得深度认可。解锁"提示词模板"后，DeepSeek 同样能生成令人身临其境的共情式文案。

1.2.1　故事代入感：好故事最容易让用户感同身受

没人喜欢听大道理，但所有人都喜欢听故事。故事拥有能影响人的情感，并使人留下深刻印象的力量，《故事思维：影响他人、解决问题的关键技能》一书指出："讲故事，是影响他人、解决问题的关键技能。这是一个讲好故事比写说明书更重要的时代，广告、营销、娱乐乃至更广泛的商业领域，要求人人都必须擅长讲故事。"

讲好一个故事，需要思考以下几个问题：

（1）你的听众是谁，故事讲给谁听？

（2）你想通过故事表达什么观点？

（3）先思考哪些点能够打动你，然后表达出来打动用户。

（4）挖掘故事细节，越细越有画面感，也越容易使用户产生共鸣，产生情感链接。

来对比了解下"观点"和"故事"的不同。

观点：父母往往期望子女长大成人后能独立生活并回报养育之恩，可一些人长大后却还在"啃老"。

故事：

隔壁叔叔给我爸展示他去旅游的照片，

说他女儿带他去看了会唱歌的鱼。

又说："叫你女儿也带你去嘛。"

我爸说："她早就说要带我去，我没时间。"

事实上，我已经失业在家"啃老"三个月了。

显然，对于该"观点"，一些读者读起来会有种被谴责的说教感，很难共情，甚至产生反感。对比之下，"故事"就很容易通过细节画面，让读者产生代入感，甚至联想起自己和父母的相处瞬间，由此感受到父母对自己的爱，自己对父母的亏欠，也就更轻松地达到了文案的共情目的。

很多人擅长讲道理却不会讲故事，我们可以让 DeepSeek 为我们将观点转化成共鸣故事。举例，我们可以调教 DeepSeek 直接把观点转化成故事。

⤴ 提示词模板

我想写 × 个和 ×× 有关的故事（需求），要求：

（1）故事有明确的受众。

（2）表达具体的观点。

（3）有令人共鸣的 × 处细节画面。

（4）控制在 ×× 字以内。

举例，我想写一个和父爱有关的故事，请把"父母往往期望子女长大成人后能独立生活并回报养育之恩，可一些人长大后却还在'啃老'"的观点改成**1 个 100 字左右的小故事，要表达具体观点，要有两处细节有画面感**，能激发用户的情感共鸣。

让我们来看看 DeepSeek 给出的故事。

父亲擦拭旧钢笔，工具箱里未拆的体检报告泛着黄

17

边。"爸，这款手机拍照超清晰！"女儿发来了预售链接。他摘下沾着机油的老花镜说："喜欢就买，别亏着自己。"转账成功的提示音响起，而父亲搪瓷缸里的茶水早已凉透，漂着泡了三道的茶叶。

新手作者是很难在 100 字左右讲清楚一个故事的，但 DeepSeek 做到了。虽然它写的这个故事未必温情，但细节画面和起承转合都有，而且它更大的优势在于：它能根据指令，数秒后生成多个创意小故事，能很好地激发创作者的灵感。

1.2.2　痛点提问法：一种让人对号入座的提问话术

小伙伴最近很头痛，他需要推广一款宝宝辅食 App。他使用了某款 AI 软件辅助撰写推广文案，结果 AI 软件直接给他生成了一段"鸡汤文"。

宝贝的营养启蒙，从"味"开始。

在宝宝的成长旅途中，每一口食物都是探索世界的一小步。我们深知，为宝宝选择第一口辅食，对每位父母而言，不仅是一次新尝试，更是一份沉甸甸的责任。介绍一款 App，它不仅懂得辅食的重要性，更懂得父母的需求——"宝宝营养师"，一个专为年轻父母打造的宝宝辅食指南。

这段文案虽然看起来不错，但句里句外透露着一股"和我没什么关系"的疏离感。其实，文字之所以"冷冰冰"，是因为缺乏代入感，一旦用户觉得"和我没什么关系"，那么再美的文案也没有意义。

想让文案有代入感，最简单可实操的方式是——先提问，再回答。

《秒赞：文案女王 20 年创作技巧与心法》一书汇集了众多文案心法，其中就提到："一个问题等于发出一次邀请，请对方参与进来。问题能加强对话感，为你打开沟通之门。问题能让对方感觉事情与他相关，具有针对性。问题也可以把受众引到你想要的答案里。提问可以激发迫切的好奇心，并且吸引眼球。"

这个提问的核心，在于问题问到用户痛处，然后在一问一答间，让用户顺着我们的问题和思路，思考文案，最终认同品牌、购买产品。

想要问出让用户有代入感的好问题，这几个逻辑必不可少：

（1）明确文案要突出的产品卖点，围绕这些卖点提出能击中用户痛点的问题。

（2）确定文案的精准目标用户，有针对性地提出具体细节问题。（若目标用户是女性，还需进一步思考：是哪个年龄段的女性？这个年龄段的女性有什么特点？这个年龄段的女性的购买力和需求如何？）

（3）将解决用户问题的办法巧妙地融入答案之中。

我们直接把这些技巧转化为 DeepSeek 提示词模板。

> ⌷ **提示词模板**
>
> 你是一名营销文案高手，我要为一款宝宝辅食 App 写推广文案，请为我写 1 条"提问＋解决方案"结构且能让用户有代入感的文案，要求如下：
>
> （1）突出产品卖点，并针对卖点提出精准击中用户痛点的问题。
>
> （2）用户画像越清晰越好，问题越精准越好。
>
> （3）答案能巧妙地融入产品卖点。

让我们来看看 DeepSeek 给出的文案。

> **问题**：宝宝每天的辅食翻来覆去就那几样，营养不均衡，宝宝还挑食，该怎么办？
>
> **解决方案**：启动 App"智能营养雷达"功能，扫描宝宝 3 天饮食记录，AI 自动生成《7 日膳食补缺计划》！职场妈妈可开启"语音跟做"模式，15 分钟内完成 3 道高颜值辅食，App 会同步记录成长数据，生成《月度营养

报告》。

用户画像：25~30 岁一线城市职场妈妈，日均通勤 2 小时，重视科学喂养但苦于食谱单一，常因宝宝挑食与老人发生喂养观念冲突，急需高效工具实现"营养＋趣味"双平衡。

我们必须承认，当我们教会 DeepSeek 痛点提问法的写作技巧后，DeepSeek 写代入感文案真的高效又精准。

1.2.3　五感写作法：让 DeepSeek 生成"有温度"的文字

五感写作法能够迅速搭建起用户与文案之间的代入桥梁，引发共鸣。《故事思维：影响他人、解决问题的关键技能》一书中提到："讲故事的目的，是让对方看到、摸到、闻到、尝到故事，这样才能让他们身临其境，才能让他们全方位地调动感官，全身心地体会故事。"

由此可见，五感其实就是我们身体与心灵所产生的各类感受。优质的文案能够巧妙地调动用户的五感，让用户真切地体验文案所描述的内容，进而产生强烈的代入感。严格来说，即便是 DeepSeek，也未必能理解人类的"感同身受"，但我们可以尝试调教 DeepSeek 学会五感写作法。

> ⟳ **提示词模板**
>
> 　你非常擅长写有温度的文案，我要写 ×× 需求的文案，请使用五感写作法进行撰写：
>
> 　（1）要求有视觉、听觉、嗅觉、味觉、触觉等五感的细节描述。
>
> 　（2）要求让用户身临其境地感受到产品的特点，产生最直接的代入感。
>
> 　（3）请写 × 条有温度的文案。

　举例，有文案创作者写了一篇海报文案，但觉得太生硬了，希望 DeepSeek 将文案优化得更有代入感，激发用户购买欲，内容如下。

中秋蟹礼

大闸蟹，当然秋叶品牌

秋叶品牌大闸蟹，全国 70 余家直营店

咨询热线：138×××××××

我们可以这样向 DeepSeek 提问。

> 　你非常擅长写有温度的文案，我要撰写一篇关于"中

秋蟹礼"的文案，请使用五感写作法，**通过视觉、听觉、嗅觉、味觉、触觉等五感的细节描述**，润色下面这篇文案，**让用户身临其境感受到蟹的美味，产生最直接的代入感**，激发用户购买欲，200 字以内。

中秋蟹礼

大闸蟹，当然秋叶品牌

秋叶品牌大闸蟹，全国 70 余家直营店

咨询热线：138×××××××

让我们来看看 DeepSeek 给出的文案。

青壳金爪划开月华

油润橙红的蟹黄似中秋圆月倾泻而出

白玉般的蟹肉泛着晶莹水光（视觉）

蒸锅里水沸咕嘟轻响

掰开蟹壳时"咔"的脆声

是秋日最动人的团圆乐章（听觉）

揭开笼屉的刹那

鲜香裹着桂香漫溢满屋

连窗外的月光都沾染了馥郁滋味（嗅觉）

蟹肉入口如含露水般清甜

蟹黄在舌尖泛起甘甜回韵

姜醋激发出层次分明的鲜醇交响（味觉）

指尖残留着温热的蟹油香

看父母笑着吮吸蟹脚的模样

才懂中秋滋味该是这般绵长（感觉）

秋叶大闸蟹·70城同步送达

每一口都是太湖水的月光馈赠

让思念顺着蟹香回家

中秋专线：138×××××××（蟹礼即订即发）

五感维度植入品牌温度，通过场景化描写唤醒节日记忆的画面感，配合中秋意象强化情感共鸣，激发了即时消费的冲动，更值得一提的是，结尾一句"让思念顺着蟹香回家"更将文案情感升华，增加了文案的温度。

DeepSeek虽然无法和人类情感"温度"媲美，但只要告诉它什么是爱、感情和感受，它就能模仿，这也就倒逼着创作者去体验更丰富的情感。

1.2.4 理念渗透：让用户念念不忘的心智设置

怕上火，喝王老吉

今年过年不收礼，收礼只收脑白金

大家是不是对这两则广告格外熟悉？会不会一吃火锅，就自然而然地想到要去火就喝王老吉？逢年过节给长辈挑选礼物时，脑海里首先浮现的是"脑白金"的广告画面？像这样的广告，便是典型的能占据用户心智的广告。

产品定位越独特，理念越简洁，广告词越顺口易记，就越利于传播，也就越容易在用户心中占据一席之地。若想让产品理念渗透进用户的心智，可通过以下途径达成：

（1）深入剖析产品功能，挖掘并抢占市场上独一无二的标签，占据用户心智。

（2）全面思索与产品相关的各类场景，在用户心中构建起场景与特定产品之间的紧密联系。

（3）设计出简单易记、便于口口相传的广告词，在不知不觉中影响用户的认知。

客观而言，创作这类广告颇具难度，很难依靠固定模板来产出精妙的文案。这是因为，一方面，文案创作者需要对产品卖点了如指掌，能够挖掘抢占市场的独特标签，构建与产品相关的核心场景；另一方面，文案创作者需要有丰富的文案储备，只有这样才能激发创意灵感。不过，我们可以尝试借助 DeepSeek 大数据的优势，促使我们更深入地思考产品的独有标签，开拓创意思路。

> ## ⌨ 提示词模板
>
> 　　你非常擅长写"侵占用户心智"类型的文案,我的文案需求是:
>
> 　　(1)文案一定要体现出该产品在市场上的独有标签。
>
> 　　(2)文案要构建出和产品相关的独有场景,确保用户一遇到场景就能想起产品。
>
> 　　(3)请写 × 条 ×× 字以内的金句,并确保朗朗上口又好记。

　　举例,某辣酱品牌在市场上的独有标签是"妈妈的味道",计划借助外卖渠道打开市场,培养用户习惯,让用户在点外卖时顺便购买 × 辣酱。我们用 DeepSeek 工具为其创作几句广告词。

　　我们可以这样向 DeepSeek 提问。

> 　　你非常擅长写"侵占用户心智"类型的文案,我想要为 × 辣酱品牌推广辣酱,这款辣酱的独有标签是"妈妈的味道",计划借助外卖渠道打开市场,培养用户习惯,让用户在点外卖时顺便购买辣酱。请为我写 10 条 20 字以内的金句,并确保朗朗上口又好记,**要体现出该产品在市**

场上的独有标签，要构建出和产品相关的独有场景，让用户一想到该场景就能想起该产品。

让我们来看看 DeepSeek 给出的文案。

1. 外卖配辣酱，妈妈的味道不迷路

2. 加一勺童年回忆，外卖吃出团圆味

3. 点单必勾选项：妈妈辣酱 +1

4. 解救外卖寡淡症，妈妈秘方来提鲜

5. 深夜加班餐，辣酱替妈说晚安

6. 外卖袋里藏惊喜，妈妈叮嘱随身带

7. 解腻神器已到货，妈妈牌魔法辣酱

8. 每单必带小罐装，妈妈味道不离场

9. 异乡外卖党必备，妈妈远程投喂包

10. 外卖加辣自由，妈妈把关的温柔

我们发现，文案内包含了绑定外卖点单动作形成的消费暗示，更构建了"深夜 / 加班 / 异乡"等外卖强共鸣场景。DeepSeek 自身创作文案的能力就特别强，但在"心智侵占"的文案要求下，它在短短数秒内创作出的 10 条如此水准的广告文案，确实更令人惊叹。

众所周知，一条精心策划的文案往往能为产品带来极大的知名度和影响力，有时甚至能使其"一举成名天下知"。然而，文案的作用并不仅仅是增添产品的光彩，它更多的是建立在产品卖点的基础上，通过深入人心的语言，将产品的核心价值和特点传达给消费者。从这个角度来看，DeepSeek 不仅提升了文案创作的效率，还使文案更加贴近消费者的需求和心理，为产品的市场推广和品牌塑造提供了有力的支持。

1.3　信任感构建：让 DeepSeek 转化率翻倍的小技巧

广告业名人大卫·奥格威说："消费者不是低能儿，她们是你的妻女。若是你以为一句简单的口号和几个枯燥的形容词能够诱使她们买你的东西，那你就太低估她们的智商了。她们需要你给她们提供全部信息。"

这揭示了商业的本质：建立用户信任是商业转化的核心前提。然而，当我们把这种结构化写作框架输入 DeepSeek 后，它能够系统地构建这种信任传递机制。

1.3.1　权威背书：自夸百遍，不如专业推荐

在文案创作中，即便产品本身极具吸引力，用户也常常

在最后关头放弃购买，其核心问题往往在于信任感的缺失。单纯地自我吹捧产品如何优秀，远不如一份权威背书来得有效。用户会不自觉地认为："连名人都推荐，这款产品一定不错。"

举例来说，假设有两款美容产品，它们的成本、价格和效果都极为相似，但其中一款通过了专业机构的检测并获得了有效的检测报告，而另一款则没有任何背书。显然，用户会更倾向于选择有权威背书的那款产品。

权威背书通常有以下几种形式：

（1）权威机构或专业机构的检测报告：这类报告能够为产品提供科学、客观的验证，增强用户的信任感。

（2）名人或平台的支持与宣传：名人的推荐或知名平台的宣传能够迅速提升产品的社会认可度。

（3）历史或经典书籍的引用：通过证明品牌"有史可循，有据可依"，进一步保证品牌的可靠性。

这一类的文案撰写，我们只需要把"权威背书"的信息发送给 DeepSeek，要求它清晰明了地根据"产品痛点"推出"权威背书"即可。

举例，某品牌淡斑精华，产品的核心卖点是 × 天淡斑，该淡斑配方的两大专利是有权威背书的，专利由全球五大研发中心研发，请为该品牌撰写文案。

我们可以这样向 DeepSeek 提出要求。

> 你是一名文案高手，计划为某品牌的淡斑精华写一条广告文案：该产品的核心卖点是 × 天淡斑，该淡斑配方的两大专利是有权威背书的，专利由全球五大研发中心研发。请在文案中突出产品的核心卖点和权威背书，增加用户信任感，文案控制在 100 字以内。

我们来看看 DeepSeek 给出的文案：

> 【× 淡斑精华】× 天见证蜕变！
>
> 两大专利淡斑配方，临床实证根源抑黑。
>
> 配方由全球五大研发中心皮肤专家联合攻坚，精准阻断斑点生成链。
>
> 权威实验室背书，让每滴精华都承载科研力量，焕现透亮瓷光肌。

当我们尝试在文案中删减"权威背书"信息时，会明显察觉出信任缺失感。通过 DeepSeek 的助力，我们只需准备权威背书的相关信息，便能生成金句，助力品牌建立信任、提升形象，还能显著推动转化效果。

1.3.2 数据可视化：能用数据说明的，千万别堆砌形容词

除了权威背书，"精准数字"同样能够有效增强用户的信任感。许多经典的数字广告正是利用了这一心理。通过展示庞大的销售数据来凸显产品优势，从而激发群体效应，促进消费行为。这种策略不仅能够增强用户对产品的信任感，还能推动更多消费者加入购买的行列。

香飘飘

一年卖出 12 亿杯

能绕地球 4 圈

12 亿杯奶茶的销量，这看似简单的数字，却通过其庞大的销售数据，向用户传递了最直观的"这个产品无可挑剔"的冲击。事实上，即便抛开"从众心理"的逻辑不谈，数字化呈现依然能够以最精准的方式，为用户带来强有力的视觉震撼。这种效果，远比用最华丽的语言反复描述产品 100 遍更加直接、有效。

例如，非常经典的数字文案是乔布斯发布的第一代 iPod 广告词：

把 1000 首歌放进口袋里

用"1000 首歌"代替"GB"（吉字节）这种抽象的说法来表示容量，再用"口袋"体现出产品便携的特点，实在是精妙绝伦。

我们可以指导 DeepSeek 理解数字逻辑，以此来增加用户的信任感。

> 💬 **提示词模板**
>
> 我的文案需求是××，我需要撰写×条用"数字"呈现对比效果的文案。
>
> （1）请用具体的数字代替形容词，直接表达产品卖点。
>
> （2）请用有结果的数据凸显产品优势。
>
> （3）文案要营造对比感，给用户最直接的冲击。
>
> （4）每条文案在××字左右。

举例，秋叶写书私房课需要撰写宣传文案，标题为《出书的人更容易有结果》。现在需要把标题润色成更有点击率的标题。

我们可以这样要求 DeepSeek。

秋叶写书私房课需要撰写宣传文案，标题为《出书的人更容易有结果》。我需要撰写 3 条用"数字"呈现对比效果的标题，**请用具体的数字代替形容词，直接表达产品卖点**；**请用有结果的数据凸显产品优势**，营造有冲击的对比感。每个标题控制在 30 个字以内，**目的是让用户产生信任感，从而下单购买**。

让我们来看看 DeepSeek 给出的标题。

1. 时间效率对比

《普通作者出书耗时 3 年，秋叶学员最快 3 个月面市！238 人已验证，首月销量破 5000 册》（用"3 个月"与"3 年"对比，"238 人"突出规模）

2. 成功率对比

《独立投稿拒稿率 80%，课程学员签约率 70%！80+出版社资源池，首稿命中率翻 5 倍》（对比"拒稿率 80%"与"签约率 70%"，凸显资源丰富）

3. 收益增长对比

《未出书 IP 年变现 50 万元，学员出书后年收 500 万元 +！10 万册销量 = 咨询单价涨 10 倍》（"10 倍"量化结果差异，触发用户对高回报的渴望）

DeepSeek 润色后的标题，显然将数字对比效果运用到了极致，而且还能大开脑洞，从时间效率、成功率、收益增长等方面进行数字对比，这种量化表达方式，使标题更具吸引力、说服力，无疑能激发用户强烈的阅读欲望。

1.3.3　用户反馈：产品再好，也得用户反馈好

在文案写作中，借助用户反馈来展现效果，进而激发用户的信任感，是极为有效的技巧。下面为大家详细剖析。

在销售前端，运用权威背书、名人真实事例能增强用户对产品的信任。不过，销售过程后续的环节同样关键，它往往能推动新一轮的销售，形成"产品优质—用户下单—用户给出良好反馈—再次触发购买"这样一个合理的闭环。归根结底，用户反馈的终极目标是证明产品有效且值得信赖。

需要留意的是，用户反馈也要有针对性，这才是赢得用户信赖的关键所在。

（1）生活类产品：如美容产品等，用户反馈使用效果能体现产品的核心卖点。

（2）工具类产品：如家居产品等，用户反馈功能体验可体现产品的服务过程。

（3）训练营、陪伴类服务产品：用户反馈售后服务周到，

能体现产品的配套服务。

这类通过"用户反馈"将效果摆在眼前，最终赢得用户信赖的写作技巧，若应用于 DeepSeek，是能获得非常惊艳的文案效果的。

> ⊡ **提示词模板**
>
> 我想要写 ×× 需求的文案，希望：
>
> （1）通过用户反馈使用效果体现产品的核心卖点。
>
> （2）通过用户反馈功能体验体现产品的服务过程。
>
> （3）通过用户反馈售后服务周到体现产品的配套服务。
>
> （4）撰写 × 条能激发用户信任感的文案，每条在 ×× 字左右。

举例，某小红书平台（后简称"小红书"）训练营的核心特色是能帮助学员快速变现，短期内赚回学费。请以此为角度切入，撰写宣传推广文案。

我们可以这样向 DeepSeek 提问。

> 我要写一篇该小红书训练营的推广文案，请你通过用户反馈使用效果、用户反馈功能体验、用户反馈售后服务等方式凸显产品的核心卖点：跟着专业老师运营自己的小

红书账号，还没结营就赚回学费，请为我撰写 3 条文案，每条在 30 字左右。

我们来看 DeepSeek 给出的答案。

1. 学员跟学 2 个月，10 天赚回学费！首条笔记变现 2000+，引流私域 400 人（用真实案例 + 时间效率对比，强调"边学边赚"的有效性）

2. 开营 3 天爆单！老师手把手指导改封面，4 篇笔记涨粉 680 人，广告排期到月底（突出"作业批改 + 社群陪跑"的组合功能，强化专业指导价值）

3. 宝妈学员首周 0 流量，老师连夜调定位，2 条笔记引流 200+，私域转化 2W+（用"兜底服务"场景打消用户疑虑，凸显售后响应速度和结果保障）

这些文案是否让你心动，也想迅速加入这个营，实现早日变现的目标？作为小红书训练营的推广文案，这显然是成功的。

不得不说，DeepSeek 聚焦于"学员短期取得显著效益"的用户反馈，巧妙地凸显了该小红书训练营高效转化能力这一核心卖点。

当然，在实际的文案创作中，文案创作者可以根据目标灵活搜集和整合用户评价，并将信息提炼给 DeepSeek，调教它撰写出更多增强用户信任感的精彩文案。

↑ 1.4 互动性设计：DeepSeek 营造互动，激发用户传播

"双向奔赴"这一概念，不仅适用于人际关系，在品牌与用户的互动中同样至关重要。任何关系想要持久且深刻，都需要双方的积极参与和有效沟通。在文案创作中，这种互动更是不可或缺——通过互动，文案才能与用户建立情感连接，进而激发他们的购买欲望。本节的重点，在于调教 DeepSeek 写出有互动感的文案，拉近文案与用户的距离。

1.4.1 参与感设计：好玩才能激发参与感

文案的趣味性是激发用户参与感的关键，正如深圳市卫生健康委这则宣传文案：

"我们一起打疫苗，一起苗苗苗苗苗！"

在众多疫苗接种宣传中，这则文案如同一股清流，借助流

行歌曲《我们一起学猫叫》的旋律，迅速在公众中引起共鸣，甚至连央视新闻的主持人也情不自禁地哼唱起来。为何同样的内容，这则文案能够引发如此广泛的传播？答案在于它的趣味性，它让用户在轻松愉快的氛围中自然接受了邀请，产生了互动。

趣味性文案不仅让用户感受到归属感，还具备强大的传播潜力。那么，如何创作出既有趣又能激发用户参与的文案呢？

以下是几点建议，供大家参考与实践。

（1）以友相待：将用户视为熟悉的朋友，通过提问的方式激发他们的参与热情。

（2）人称代词转换：频繁使用"你""我"等人称代词，以说心里话的方式增强沟通的互动性。

（3）拟人化：运用拟人等修辞手法，为品牌和产品赋予生命，让用户在共鸣中获得参与感。

当我们把这些规则"投喂"给 DeepSeek 时，它也能脑洞大开，创意无限。

> **提示词模板**
>
> 你是一名文案高手，我需要你为 ×× 品牌/产品设计 ×× 条好玩的文案，注意：
>
> （1）文案设计问答互动，使用"你""我"等人称代词，增强沟通互动感。

（2）将产品拟人化处理，突出产品卖点的特性，让用户觉得好玩。

（3）让文案呈现轻松、有趣、好玩的氛围，文案在××字左右。

举例，为秋叶牌洗碗机设计一条好玩的海报文案，其核心卖点是强力清洁。

我们这样向 DeepSeek 提问。

你是一名文案高手，我需要你为秋叶牌洗碗机设计一条好玩的海报文案，并且满足以下要求：将"洗碗机""碗""蔬菜"进行**拟人化处理**，以突出其"强力清洁"的产品卖点；文案中**设计问答互动环节，使用"你""我"等人称代词**，增强与用户的互动；保证文案风格轻松有趣，不超过50字。

我们来看看 DeepSeek 给出的文案。

【秋叶洗碗机拟人化海报文案】
碗妹哭诉："油腻封印怎么破？"

> 秋叶洗碗机叉腰："泡泡拳击手在此！油污退退退！"
>
> 萝卜君探头："泥巴甩干净了吗？"
>
> "唰——"蔬菜篮蹦迪开始！

DeepSeek 在数秒的时间内，将洗碗机化身为"泡泡拳击手"呼应强力清洁技术，碗化身为被油污封印的"碗妹"，蔬菜化身为甩泥巴的"萝卜君"，可谓十分有趣。当然，这些文案创作还需根据产品的实际特色进行微调。然而，DeepSeek 的高效率和有趣创意确实为文案创作者提供了思路，极大地拓宽了创作视野。

1.4.2 槽点营销：槽点变亮点，传播更广泛

在传统观念中，我们往往认为文案只能聚焦优点，缺点则需巧妙规避。然而，任何事物都难免存在不完美，而创意恰恰能将这些槽点转化为独特的传播亮点。

以夜市为例，"工厂倒闭，产品甩卖"这类故事型广告屡见不鲜，却往往能吸引大量用户的关注和购买。比如下面这则广告文案：

"工厂倒闭，老板跑路，库存清仓大甩卖！原价 999 元，现价 99 元，错过今天，后悔一年！快来捡漏，买到就是赚到！"

这种文案不仅没有回避"倒闭""跑路"等负面信息，反

而将其转化为吸引眼球的"卖点"，成功激发了用户的猎奇心理和购买欲望。

这类文案独具特色，其核心逻辑可以总结为两点：

（1）真诚地自我揭短，赢得信任与传播。在用户发现产品的不足之处之前，主动坦白，这种自我揭短的方式反而让用户觉得品牌真实可信，从而提升购买欲望。同时，由于文案风格轻松有趣，用户更愿意主动分享，形成自发传播。

（2）通过自我嫌弃的"自黑"写法，制造反差与共鸣。

通过强烈的对比和冲突，文案用"自黑"的方式拉近与用户的距离，让产品显得更接地气。这种反差感不仅让文案更具吸引力，还能引发用户的情感共鸣，增强品牌亲和力。

我们把这两个逻辑整合成提示词模板，要求 DeepSeek 写槽点营销文案。

> ## 提示词模板
>
> 我有写 × 文案的需求，请你为我写 × 条"槽点变亮点"的文案：
>
> （1）先坦承不足，再用创意化解，让用户感受到品牌的真诚与幽默。
>
> （2）使用自我嫌弃的"自黑"写法制造反差，拉近距离，引发共鸣。

（3）字数在 × 字左右。

举例，超市的橘子略酸，请把槽点变亮点，写一则促销广告。我们可以这样向 DeepSeek 提问。

我需要为超市里略酸的橘子写一则"槽点变亮点"的促销广告，要求直接坦承不足，但要用创意化解；可以用"自黑"的方式制造反差，拉近距离，让顾客感受到超市的真诚和幽默，字数在 20 字左右。

我们来看看 DeepSeek 给出的文案。

酸到皱眉？维 C 满格元气弹！一口激活打工人！

可以说，DeepSeek 给出的这篇橘子文案非常惊艳，完全符合我们的预期目标。槽点变亮点的写作技巧，搭配创意无限的 DeepSeek，真的很值得期待。

1.4.3　交互场景：让文案有动起来的画面感

你是否曾想过，文案不仅能看，还能"动"？

让我们从知乎的广告中一窥"交互式场景"的精彩。

哥们儿 / 还站着呢?（地铁广告）

我是一个广告 / 我喜欢你盯着我看（地铁广告）

在等电梯? 我陪你呀（电梯广告）

这些广告用生活化、口语化的语言，像朋友聊天一样自然，却又精准地戳中了用户的心事。正是这种"被说中"的共鸣，让用户会心一笑，完成了文案与用户的最佳互动。什么是"交互式场景"?"交互式场景"并非单指用户"动手"，而是通过文案打造心理空间，让用户"动脑""动心"，甚至"动手"。它不局限于视频或网页点击，纯文字同样可以做到。

比如，著名文案人尼尔·法兰奇为芝华士威士忌创作的一句广告语:

"假如你还需要知道它的价格，翻过这一页吧，年轻人。"

这句话让读者心动，正是交互式场景的绝妙体现。

那么，如何打造"交互式场景"呢?

（1）洞察用户：设身处地思考用户的时间、地点和需求，提供明确的行为指引。

（2）连续运用动词：通过多个动词呈现画面感，激发用户行动。

（3）问答互动：用问答形式吸引用户参与，在公共场合引发共鸣。

总之，"交互式场景"的核心在于让用户"动"起来，无论是文字、画面还是行为指引，只要能让用户感受到共鸣与互动，文案就有了生命力。这类创意很容易通过调教DeepSeek 而实现。

> 📣 **提示词模板**
>
> 　　你是一名非常擅长用文字和用户互动的文案高手，请为 ×× 文案需求写 ×× 条 ×× 字左右的强互动文案，要求如下：
>
> 　　（1）结合用户的实际场景，传达出具体行为指引，吸引用户遵守这一指示。
>
> 　　（2）写文案时连续使用动词，激发用户的行为，同时让用户在阅读后感到愉悦。
>
> 　　（3）可用问答等方式营造交互式场景，形式引人入胜，从而确保能在公共场合引起积极反响。

举例，尝试让 DeepSeek 把"请不要踩草坪"润色成"交互式场景"的文案。

我们这样向 DeepSeek 提问。

你是一名非常擅长用文字和用户互动的文案高手，请结合用户的实际场景，连续使用动词，**激发出给用户的具体行为指引，可用问答等方式营造场景**，将"请不要踩草坪"润色成 3 条 10 字左右的趣味互动文案。

我们来看看 DeepSeek 给出的文案。

1. 踩我？痒痒警告！

2. 绕道赢称号！护绿使者就是你。

3. 踩草还是绕道？选错痒痒挠！

DeepSeek 创作的 3 条文案，超越了传统"禁止踩踏"的单一表达方式，成功激发了用户的主动参与兴趣。这种互动设计不仅增强了文案的吸引力，更潜移默化地提升了用户的环保意识与社会责任感。

在深入理解四大文案思维对 DeepSeek 的核心作用后，我们不仅能更高效地赋能文案创作，还能在内容设计中创造更多惊喜和实现突破。基于这一认知，我们将聚焦不同自媒体平台的特性，系统地探索 DeepSeek 文案变现的多元化路径，为品牌与用户创造更大价值。

第**2**章

小红书 DeepSeek 实战：
7 天打造高转化账号

 深度思考（R1）   联网搜索

小红书是一个以女性用户为主的生活方式平台和消费决策入口，集内容分享与购物功能于一体，而 DeepSeek 和小红书的碰撞，能为内容创作者在爆款选题、内容生产、商业化运营等方面，提供独特的价值。

↑ 2.1 小红书变现方式全解析

作为国内领先的"种草"平台，小红书平台对素人博主是非常友好的。在小红书平台，无论粉丝量级大小，用户都可以结合自身的实际情况，通过多元路径实现商业转化。我们从以下六大变现途径来拆解小红书平台的变现逻辑，结合该平台的规则与实战案例，为博主提供可落地的策略指南。

2.1.1 有产品型博主：私域与开店双线变现

很多人对小红书平台的粉丝数存在误解，认为只有拥有大量粉丝才能实现变现。虽然粉丝越多，商业变现的机会确实越大，但在小红书平台，即使是粉丝量少的博主也能找到适合自己的变现路径，尤其是对有产品的博主而言。

因为在小红书平台，我们既可以通过"0 粉开店"实现低门槛变现，还可以通过"私域引流"实现精准转化高价值用户。

1.0 粉就开店：一站式开店全解读

很多秋叶小红书训练营的学员，都通过在小红书平台开店顺利实现低门槛变现，比如，某健康养生赛道的学员精准吸引粉丝，店铺一天成交 12 单；某儿童游学赛道的学员，一单直接成交 2550 元；某减肥瘦身赛道的学员，一个产品多号售卖，卖货效率直接翻倍……这些案例表明，小红书的开店功能是业绩放大器，既增加了销售渠道，又能通过小红书笔记反复为产品打广告。

或许你以为小红书开店：

（1）需要营业执照。

（2）新手不能做，粉丝要求高。

（3）开店费用昂贵。

实际上的小红书开店：

（1）只需身份证，上传并通过审核后即可开店。

（2）0 粉即可开店。

（3）开店免费，卖货才收费。

此外，个人新商家在小红书开店是有开店福利的。

（1）免收入驻费：仅需支付 1000 元保证金，关店可退还。

（2）流量扶持：开店 30 天内，完成商品笔记新手任务，每月最高可获得 12000 次流量曝光。

（3）工具免费试用：90 天内免费试用小红书商家经营

工具。

（4）课程与培训：提供小红书商家课堂，助力顺利入驻。

（5）达人合作 0 门槛：可以直接通过官方平台与博主合作。

个人店铺开店流程也很简单。

（1）常规开店入口：小红书手机端，点击【我】→左上角三条杠→【创作者中心】→【全部服务】→【开通店铺】→【立即开店享权益】→【个体店】，填写主体资源和店铺信息，提交申请。

（2）快速开店入口：搜索"小红书开通店铺"，点击置顶链接。

个人店商品上架流程如下。

手机端：下载小红书商家版 App，点击【发布商品】，填写商品信息，之后提交。

PC 端：登录商家管理后台，点击【商品】→【商品管理】→【发布商品】，填写信息，之后提交。

个人店开店成功后，我们可以通过笔记"带货"和直播"带货"方式直接对商品进行售卖，并通过笔记持续曝光打广告，增加业绩。总之，对有产品的博主而言，在小红书开一家自己的专属小店，是一个低成本的变现之路。

2.私域引流：精准获取高价值用户

将小红书粉丝引流至私域平台进行深度维护，从而实现

产品转化，这是一种高效且可持续的变现方式，尤其适合拥有"高客单价"或"小而美"产品的博主。像我们一位理财赛道的学员，在仅有 21 个粉丝的情况下，成功将 3 位粉丝引至私域。通过私域的精细化运营和信任建立，最终促成 1 位粉丝的高额订单成交。

私域变现不仅是一种销售方式，更是与粉丝建立深度连接的桥梁。对于高客单价或小而美产品的博主来说，私域是"黄金变现路径"，即使粉丝数量不多，只要维护得当，也能实现高价值转化。

2.1.2 无产品型博主：接广告与蒲公英商单变现

没有个人产品的博主如何在小红书上变现呢？可以通过笔记接商单。

2.1.2.1 蒲公英商单：拥抱官方接广告平台，持续变现

1. 蒲公英是什么

蒲公英是小红书专门为商家和优质素人博主搭建的商业内容创作合作平台。商家通过蒲公英统一招募博主，博主通过接受商家的合作邀请，协助宣传品牌产品或服务，从而获得广告收益。同时，小红书会给予"商单笔记"更多推荐和流

量，进而提升博主在小红书平台上的影响力和知名度。

2. 蒲公英怎么开通

博主入驻蒲公英，开通接广告权限有以下 3 个步骤。

（1）实名认证。首先，确保自己的账号已完成实名认证（开通专业号、上传身份证、年龄≥ 18 岁），以确保合作的合法性。

（2）满足条件。确保粉丝数量达到 1000 个，并保持账号正常，没有违规行为。实际情况下，如果博主能以高频率更新优质笔记，那么小红书也会发出"开通邀请"。像我们的一位学员，坚持一周三更，发布优质笔记，在粉丝量达到 500 时就受邀开通了蒲公英。

（3）申请开通。粉丝量达到 1000 后，会收到蒲公英小助手邀约消息提醒，点击就能开通。

3. 蒲公英和品牌方进行合作的方式

（1）定制合作。品牌方会主动对符合条件的博主进行点对点合作邀约，博主决定是否接受，合作价格即博主的蒲公英报价。

（2）招募合作。小红书蒲公英合作广场会展示近期不同品牌发出的博主招募信息，博主可以自行挑选报名。报名时需要填写自我介绍，报价，合作优势（例如：能写原创稿、和品牌粉丝群体契合等），合作构思（即多展示你对产品或品

牌的卖点挖掘能力）。商家会提供合作价格范围，报名通过筛选后，博主就可以和商家沟通。

（3）新芽合作。新芽合作以流量助推为主，博主可以主动报名合作，报酬方式为：固定金额＋流量扶持奖励＋产品赠送（如果笔记较为优质，那么品牌方会主动花钱投放笔记，为博主账号增加曝光）。品牌方寄送样品后即可发布合作笔记。

（4）共创合作。共创合作方式下，不只有发笔记的基本工资，还会结合博主笔记的效果进行结算，报酬方式为：固定金额＋奖金提成＋产品赠送。共创合作对博主的选题和内容原创能力要求较高。

2.1.2.2　个人接广告：素人友好型变现模式

除了蒲公英商单，我们发现，很多商家会通过私信或者邮箱沟通的方式，链接博主接商单。这种广告能接吗？怎么接更合适呢？

我们有位学员运营小红书一个多月，粉丝数量不过百，但他更新频繁且笔记质量佳，受众很精准，于是很快就接到了品牌方的商单邀约。他很怕丢失接广告的机会，因此什么问题也不敢问、什么要求也不敢提，结果发完笔记后迟迟没有结算变现，才来求助我们。好在没有太过分的解约条例，及时止损即可。

那么，广告商主动邀约，我们该怎么接单变现呢？

1. 合作对接：弄清笔记是否报备

报备笔记，是指品牌方通过小红书下单给博主，博主完成合作发布的商业笔记。这种笔记只有在小红书进行报备，才可以公开以广告或赞助的形式发布内容。

非报备笔记，是指博主自行发布的营销类内容，通常是博主与商家私下达成合作，未经过小红书许可便直接在平台发布的广告内容。

报备商单，由小红书统一结款，商家和博主均会扣除10% 的平台综合服务费；非报备笔记，则由商家直接转账给博主，双方可省下平台综合服务费。

值得注意的是，如果平台发现笔记未按要求、私下推广，会发布惩罚提醒，要求删除，甚至采取限流、删除或封禁的措施。博主也要谨防诈骗。

2. 议价谈判：面对合作邀请，报价多少合适

常规广告报价 = 小红书粉丝量 × （5% ~ 10%），例如：假如你有 10 000 个粉丝，可以以 500~1000 元为基础参考范围。不过，每个赛道需求、粉丝黏性完全不同，具体报价要因人而异。既然是参考，就证明有调整空间。

在精力允许的前提下，可为不同品牌方提供 1 次试单服

务，尤其是面对大品牌商家。一是给广告主留下好印象，二是以此为接单练习，借机多了解不同商家的要求、交付流程、流程卡点、实际精力、投入情况等，从而为后续报价提供参考。

2.1.3　无货源带货型博主：笔记与直播双轮驱动

除了以上两种变现方式，千粉以上的小红书博主还可以开通"睡后收入"渠道，通过笔记挂购物车的方式实现 24 小时带货赚取佣金。

2.1.3.1　无货源带货：笔记带货赚佣金的 4 个步骤

1. 小红书买手时代，1000 粉丝博主无货源也能选品

选品是指你可以在小红书上进行商品选择，并将购物链接添加在你的笔记中，卖多少赚多少佣金。不需要你开店囤货、发货、售后，小红书平台会解决这些问题。

合作商品：与在小红书上有开店权限的商家合作，获取定向分销权限。

自选商品：在小红书的选品中心自行挑选优质商品进行推广。

操作路径：打开小红书，点击【我】→左上角三条杠→【创作者中心】→【全部服务】→【买手合作】。

2. 精挑细选，找到对的产品

作为小红书博主，你要基于你账号的过往数据，去了解你的粉丝是谁，日常喜欢看什么。基于用户喜欢的选题去挑选适合植入的产品。

如果你是美妆博主，护肤品、化妆品一定比汽修配件植入更自然；如果你是健身博主，杠铃、蛋白粉、健身器材比拼图玩具更符合目标用户的需要；如果你是母婴博主，在笔记上挂上母婴用品的链接，自然更有机会出单。

3. 想卖货，写契合目标用户的卖货笔记

带货，挑选合适的商品很重要，写一篇让用户有购买欲望的爆款笔记更重要。在小红书平台，爆款笔记是有长尾流量的，会持续地、源源不断地带来客源。

想要写出爆款笔记，就得先了解你的粉丝是谁，最关心什么问题。比如，美妆博主的粉丝最在意的问题是：零基础人士如何学会有效化妆。

然后，根据粉丝需求点选择带货产品，例如，新手化妆必备 5 件套。

接着我们通过具体的笔记内容，详细呈现产品的特点和优势，并展示使用的步骤、过程和效果。例如，用好这 5 件化妆工具，画出完美妆容。

当然，提示粉丝的"下单点"也非常重要，通过提示或说明入手方式，指引粉丝"种草"下单。例如，戳下方链接即可购买。

4. 完成小红书笔记挂链接步骤

要将笔记与商品链接关联起来，需要完成两个核心步骤。

（1）挑选商品。点击【我】→左上角三条杠→【创作者中心】。在创作者中心内，点击【买手合作】进入选品中心。在搜索框中输入你想要推广的商品名称。浏览并选择价格和佣金都符合你要求的商品，点击【选品】→【确认选品】。

经过上述步骤，即成功选定想要推广的商品。

（2）将笔记与商品关联。在编辑好笔记并准备发布之前，点击【关联商品】。选择【商品合作】，并点击【去关联】。从商品列表中选择你想要关联的商品，点击【添加】。

完成以上步骤后，你发布的笔记就会带有商品链接，即可"睡后带货"了。

2.1.3.2　无货源直播带货：0 粉实名认证即可开启，四大玩法促进销售

分享 4 个小红书直播带货玩法，助力大家顺利开播，稳稳当当带货。

1. 选择爆款产品，挖掘产品卖点

相信爆款的力量，爆款产品具备爆款潜质，货品选得好，第一步就成功了。

2. 预告预热攒人气，直播浏览不着急

直播前的预热很关键。直播前可以在小红书上发专属笔记，提前透露一些直播亮点，比如"直播的主题能解决什么问题"，或者"会给粉丝什么样的福利"，以此激发粉丝的好奇心和期待感，提前获得一定数量的粉丝关注。

3. 直播频次要固定，加强粉丝黏性

定期直播是加强粉丝黏性的好方法。你可以选择在每周固定的时间进行直播，比如每周三晚上 8 点，这样粉丝就会记住你的直播时间，习惯性地来观看直播。每次直播结束时，还可以提醒粉丝下次直播的时间，给下一场直播做预热。

4. 罗列直播大纲，直播介绍不慌

直播前准备一份直播大纲是必不可少的。比如，你可以规划好每个时间段要介绍的产品，每个产品的亮点怎么讲、互动环节怎么安排，以免直播时手忙脚乱。

当然，如果你不会写直播大纲，完全可以交给 DeepSeek，它非常擅长。

了解完小红书的 6 种变现方式，我们会发现，几乎所有的变现方式都和"笔记"有关。笔记流量越高，笔记小店带货、私域流量、接商单、链接带货的可能性就越大。也就是说，小红书的所有变现路径只需要做到"尽可能让笔记成为爆款"，在过去，我们可能需要学习 3 个月甚至更长的时间才能学会撰写优质笔记，但现在，DeepSeek 大大加快了我们撰写爆款笔记的概率和效率。

通过分析小红书的 6 种变现方式，我们发现：笔记是变现的基石。无论是哪种变现方式，都离不开笔记的流量支撑。爆款笔记是关键。笔记成为爆款后，带货能力、私域引流效果和获得商单的机会都会显著提升。

↑ 2.2 用 DeepSeek 高效制作 100+ 爆款选题库

怎样才能写出小红书爆款笔记？

答案很简单——爆款是重复的。

爆款 = 经过市场验证 = 选题吸引人。

很多初学写作者会误解，好文采 = 好文案。事实上，爆款文案 / 笔记都是可复制的产物。想要打造一篇爆款笔记，关键在于掌握其核心公式：

爆款 =50% 选题 +30% 逻辑 +10% 案例 +10% 文采

其中，选题占据了 50% 的权重，直接决定了文案 / 笔记的流量"天花板"。

选题是小红书爆款笔记的灵魂，需满足以下 3 个核心标准。

（1）精准锚定时代痛点：例如，"普通人一学就会的 3 个 DeepSeek 赚钱技能"比"吃蔬菜有利于身体健康"更能吸引读者，因为它直接解决了用户的现实需求。

（2）低认知门槛：选题应该通俗易懂，避免过于专业或晦涩。

（3）高传播势能：选题需具备话题性和分享价值，能够引发用户的讨论和转发。

然而，对于大部分人来说，我们很难创作出爆款选题，因此，模仿爆款选题便是我们起号的最快路径。在过去，寻找爆款选题主要依赖以下两种方法。

（1）拆解头部账号的爆款选题。寻找同赛道的头部账号，筛选点赞收藏过 5000 的笔记。归纳总结这些选题的爆款规律，并套用到自己的创作中。

（2）用户痛点挖掘。去同类爆款笔记的评论区，观察用户的高频提问，例如"新手如何开始写作？"或"写作变现渠道有哪些？"，将这些提问转化为选题方向。

然而，这两种方法耗时耗力，且对于新手博主而言，缺乏经验和能力将爆款选题调整为自己的内容。然而，有了

DeepSeek，一切变得简单。只需要向 DeepSeek 提出需求，我们就可以轻松制作 100+ 爆款选题库。

假设我是小红书读书写作赛道的博主，我可以这样向 DeepSeek 提问。

> 请为我搜索归纳小红书读书写作赛道的 100 个爆款选题，要求对标同领域爆款账号，并且参考的爆款选题收藏点赞数必须超过 5000。

我们来看 DeepSeek 的回答（节选）。

> 基于小红书写作赛道高赞爆款规律和用户需求，结合对标账号的 5000+ 赞藏选题模板，我为你整理以下 100 个已验证爆款选题方向（按热度分类），覆盖写作技巧、变现路径、书单推荐等核心领域，引用多平台爆款公式：
>
> 一、写作认知觉醒类（重塑写作价值观）
>
> 《写作 5 年赚了 200 万 | 这 6 个认知让我少走 10 年弯路》
>
> 《写作小白必看 | 用这 3 个顶级思维实现降维打击》
>
> 《全职写作 3 年 | 我终于明白写作的本质是"复利"》
>
> 《女生写作的隐性优势 | 这 4 个天赋 99% 的人没发现》

《写作是普通女孩的救赎 | 亲身验证的 5 个觉醒法则》

二、写作技巧干货类（强实操内容）

《豆瓣 9.5 分写作宝典 | 这 3 本书解决所有文笔问题》

《新手必存 | 编辑绝不告诉你的 8 个投稿潜规则》

《AI 时代写作指南 | 用 Chat GPT 月产 10 万字的方法》

《小说爆款公式 | 编辑私藏的 3 种黄金剧情结构》

《自媒体写作密码 | 让流量翻倍的 7 个标题套路》

三、写作变现路径类（高转化内容）

《写作副业天花板 | 这 5 个平台单篇稿费超过 5000 元》

《素人写作变现 | 小红书 0 粉丝也能接单的 4 个渠道》

《知识付费写作指南 | 如何把 1 篇文章卖 1000 次》

《文案写作金矿 | 家居 / 美妆赛道接单话术模板》

《写作 IP 打造 | 3 个月涨粉 5 万的账号拆解手册》

四、写作场景工具类（提升专业度）

《通勤写作神器 | 这 4 个 App 让我碎片时间月写 5 万字》

《深度写作必备 | 编辑都在用的 3 款沉浸式工具》

《自媒体人书桌 | 提升 200% 效率的 6 件神器》

《Chat GPT 写作指令 | 让 AI 帮你写爆文的 50 个模板》

《写作灵感枯竭？这 5 个网站承包你全年选题》

五、写作书单延伸类（扩大内容矩阵）

《颠覆认知 | 这 6 本小众写作书才是"天花板"》

《2024 编辑推荐 | 私藏的 5 本写作"黑魔法"书单》

《女性作家必读 | 用这 4 本书建立写作性别优势》

《通勤听书清单 | 5 本提升文笔的有声书》

六、写作赛道细分类（精准覆盖用户）

《网文作者私藏 | 让读者通宵追更的 3 个钩子公式》

《文案写作宝典 | 4 步写出让客户秒付款的销售文》

《学生党必看 | 靠写作实现经济独立的 5 个野路子》

《40+ 女性写作 | 用人生阅历变现的 3 个独家心法》

《INFJ 写作天赋 | 高敏感人群的 4 个爆文密码》

仔细看看这些选题，是不是每一个都让你心动不已？

这样的筛选结果是不是让你感到意外又惊喜？

原本需要花费数小时甚至几天时间，才能筛选、收集、归纳出的爆款选题，在 DeepSeek 的帮助下，数秒就能轻松搞定，确实极大地节省了时间和精力。

当然，我们可以继续要求 DeepSeek 优化这些选题，为我们设计出专属的可以直接拿来使用的具备爆款基因的选题，提问模板如下。

> 📣 **提示词模板**
>
> 我是小红书写作赛道的博主，准备写一篇笔记，选题为《写作 5 年赚了 200 万 | 这 6 个认知让我少走 10 年弯路》，请基于该选题，为我拓展出 10 个细分新选题，我想要吸引对读书写作感兴趣且有一定购买力的高质量粉丝。

我们来看 DeepSeek 的回答。

> 以下是为小红书写作赛道设计的 10 个细分选题方向，结合搜索结果中的高变现思路和高质量粉丝偏好，每个选题均附带内容定位和引用依据。
>
> 1. 写作工具篇
>
> 《年入百万写作者的设备清单 | 这 8 件工具让我效率翻倍》，定位：整合写作生产力工具（如灵感记录本、AI 软件、高效排版工具）＋结合使用场景故事。
>
> 2. 变现渠道拆解
>
> 《单篇稿费从 200 元到 2 万元 | 5 个高含金量投稿渠道公开》，定位：对比不同阶段适合的投稿平台（如商业文案／杂志／自媒体），附合作案例和报价技巧。
>
> 3. 个人成长故事
>
> 《文科生逆袭年入百万 | 写作如何改变我的社会阶

层》，定位：用真实经历（如学生→自由职业→创业）强化"写作改变命运"的共鸣点。

4. 行业认知洞察

《2025 年写作行业真相丨这 3 个趋势普通人也能抓住》，定位：分析 AI 写作、短视频文案、品牌故事定制等新兴领域，提供转型建议。

5. 时间管理秘籍

《每天 2 小时写作副业丨我的碎片时间榨干方案》，定位：场景化时间管理法（如通勤构思/午休排版）+ 防止拖延的心理学技巧。

6. IP 打造方法论

《从素人到 KOL（关键意见领袖）丨写作博主吸金人设的 4 个核心》，定位：拆解"专业感 + 亲和力"人设公式（如证书背书/生活碎片/干货密集输出）。

7. 副业转型案例

《裸辞做博主丨写作让我月薪翻 10 倍的真相》，定位：针对职场人群的副业指南，强调风险控制和资源积累。

8. 写作习惯养成

《连续输出 500 天丨让我坚持写作的 3 个反人性法则》，定位：反常识自律法（如放弃"日更"/设置负激励/遵循社群监督机制）。

9. 资源整合攻略

《写作5年链接1000+品牌 | 我资源积累的底层逻辑》，定位：教粉丝通过写作建立资源网（如免费置换→付费合作→长期甲方维护）。

10. 认知迭代心法

《从单干到团队运营 | 年入 200 万元背后的 4 次思维跃迁》，定位：分享商业思维升级路径（如个体户→工作室→矩阵账号）。

选题设计逻辑

痛点精准：针对目标用户（有付费能力的写作爱好者）关注的核心问题——变现效率、资源积累、身份转型。

数据验证：参考搜索结果中已验证的爆款元素，如"工具推荐""收入对比""认知差"等高频关键词。

人设强化：通过专业干货（如渠道资源）和生活化场景（如时间管理）塑造"高阶从业者"信任感。

建议优先开发工具篇、变现渠道、行业趋势类选题，这类内容容易被收藏且合作植入空间大，符合高质量粉丝的实际需求。

是不是很赞？我们再也不为每天不知道更新什么笔记而发愁了。更贴心的是，面对这么多优质选题，我们还可以让

DeepSeek 帮我们一键整理成 Excel 表格，轻轻松松就能拥有一个专属的爆款选题库，效率直线提升！

↑ 2.3　DeepSeek 3 秒生成高点击率的爆款标题

标题决定点击率，内容决定转发率。

小红书平台的独特魅力之处在于其封面及笔记标题的重要性。一个兼具美感和吸引力的封面，搭配引人入胜的封面标题，再加上一个精准且吸引人的笔记标题，是吸引读者关注、传达核心主题以及确保笔记成功的关键。这些元素共同构成了小红书笔记的独特吸引力，为内容创作者提供了更广阔的发挥空间。

小红书标题特点鲜明、抓人眼球，主要体现在以下 5 个方面。

1. 融入关键词，提升曝光度

例如，《设计师都在用的 5 个免费字体网站》标题中，包含了"设计师""免费""字体"等热门关键词，不仅大大提升了笔记搜索曝光率，还能对标精准用户。

2. 灵活运用表情符号

结合小红书平台的年轻、活泼的氛围，标题中适时加入表情符号，既增强了标题的特色，又让其在众多内容中脱颖而出，更显生动与吸睛。

3. 强调获得感，传递笔记价值

例如《1 个技巧轻松搞定 100 天小红书笔记选题》标题，直接展现了笔记的实用价值和读者能从中获得的益处，让人忍不住想要一探究竟。还可以搭配语气词、问号、感叹号或者情感强烈的短语，如"我宣布""给我冲""我不允许还有人不知道""你可以永远相信"等，进一步增强吸引力。

4. 数字的巧妙运用

巧妙地使用数字，例如《每天 15 分钟！100 天无痛减脂的碎片化运动公式》标题。这不仅让标题更加醒目，还能迅速传达笔记的核心内容，增加读者的阅读兴趣。

5. 制造话题与悬念

包含充满争议或关注度极高的话题，如《运营 10 个月不到 100 个粉丝，想放弃了》标题，通过在读者心中制造悬念，引发他们的好奇心和关注欲望，增加笔记的点击率和互动量。

以上是小红书爆款标题的核心要素，那么问题来了——请根据以上 5 个技巧，优化标题《3 招学会 DeepSeek 技巧》。

我们会发现，即便掌握了原理，但实操起来挑战还是不小。我们往往需要耗费至少半小时的思考时间，但即便如此也难保构思出令人满意的标题。然而，如今有了 DeepSeek 这

一强大的辅助工具，这个难题将迎刃而解。

我们先尝试简单对 DeepSeek 提要求。

> 请帮我润色《3 招学会 DeepSeek 技巧》标题，要求醒目，有点击率。

来看 DeepSeek 的答案。

> 1.《3 招榨干 DeepSeek！打工人效率飙升 500% 的隐藏技巧大公开》
>
> 2.《AI 大神不会说的 DeepSeek 秘籍：3 步提问法让文案自动生成！》
>
> 3.《震惊！DeepSeek 竟能这样用？3 分钟小白逆袭 AI 高手的终极指南》
>
> 4.《2025 爆款标题生成术：3 个 DeepSeek 指令让你的笔记流量翻倍》
>
> 5.《领导以为我熬夜写的方案，其实是 DeepSeek 3 招完成的！》

对比原标题《3 招学会 DeepSeek 技巧》，这 5 个标题是不是令人震惊？而我们只是给 DeepSeek 下达了"醒目""点击率"两个指令而已。

接下来，我们对 DeepSeek 提出更精准的要求。

请帮我润色《3 招学会 DeepSeek 技巧》标题，我的目标用户是对 DeepSeek 感兴趣的 AI 新手，根据以下类型撰写小红书标题，各 1 个，每个不超过 20 字。

（1）要求融入热门关键词，对应目标用户，增加搜索曝光量。

（2）配合笔记主题，灵活使用吸睛的小红书表情。

（3）体现干货，强调给用户带来的获得感，可搭配情感强烈的语气词。

（4）巧妙运用数字，迅速传达核心内容，让标题更醒目。

（5）制造有争议或关注度高的话题与悬念，吸引用户关注。

来看 DeepSeek 专门为小红书取的标题。

根据搜索结果中关于 DeepSeek 的功能特性、用户痛点及小红书平台标题创作技巧，结合 5 种类型要求，为您

设计以下标题方案：

1. 热门关键词型

《AI 写作神器！3 招让 DeepSeek 小白秒变高手》

2. 表情符号吸睛型

《🐋DeepSeek 隐藏技巧大公开！AI 新手必看攻略》

3. 干货获得感型

《天哪！这 3 个 DeepSeek 技巧让我效率暴涨 200%》

4. 数字强化型

《5 分钟掌握 3 个 DeepSeek 神技！新手秒变 AI 大神》

5. 悬念争议型

《90% 的人不知道！DeepSeek 这 3 招正在颠覆 AI 行业》

创作说明

1. 标题均控制在 18~20 字，符合小红书算法推荐的字数阈值

2. 热门词覆盖 "AI 写作" "效率" "颠覆行业" 等搜索高频词

3. 使用 🐋 等表情符号强化视觉层次

4. 通过 "暴涨 200%" "秒变" 等量化成果增强获得感

5. 争议点设计呼应大模型行业竞争现状，引发讨论欲

我们会发现，你发出的指令越精准，DeepSeek 给出的答

案就越惊喜；而且，除了给答案，它还会未雨绸缪地给出很多实操建议。

过去，为了写出一个符合爆款标准的标题，我们可能需要绞尽脑汁，反复模仿和尝试，但现在，DeepSeek 的加入让我们在数秒内就能获得多个新颖且富有潜力的小红书标题。这种转变不仅节省了时间，更让创作过程变得高效和充满可能性。

↑ 2.4　DeepSeek 一键生成用户主动要链接的高转化笔记

小红书图文笔记的字数上限为 1000 字，实际创作中，为了兼顾精美的排版和吸睛的话题标签，正文往往被精炼到 500~800 字。如何在这有限的篇幅内迅速抓住用户注意力？这是每位内容创作者必须面对的挑战。

现在，我们可以要求 DeepSeek 合作写出具有个人特色 + 爆款潜质的笔记：

首先，选择你喜欢 / 对标的小红书笔记，让 DeepSeek 分析笔记优势。

其次，确认你的人设和主题，要求 DeepSeek 模仿并撰写你的专属笔记。

最后，结合你的语言风格和习惯，对笔记进行针对性的字词和文风修改。

这样，我们就能高效地完成一篇兼具个人特色和爆款潜质的笔记了。

先分享一篇我们想对标的小红书笔记。

天哪！终于有人把怎么做自媒体博主说清楚了！

Hi，我是秋叶大叔，今天给大家分享新手小白如何做自媒体博主并取得成功！

去年的时候，很多小伙伴就想要做自媒体博主，却迟迟没有下手，一直在观望！其实像这种红利是千万不能等的！

今天给大家分享一份详细的自媒体规划表格，想做自媒体博主的你就跟着我这个表，按部就班地每天打卡，并且顺序一定不能搞反！

第一天：写下自己的兴趣爱好和擅长领域。

第二天：根据自己未来想要发展的方向确认定位。

第三天：根据定位寻找 10 个以上对标账号。

第四天：列出 10 个以上主题，写下自己的选题。

篇幅有限，更多内容看上方图片。

我是秋叶大叔，写作 20 年，全网粉丝 200 万 +。已出版 60+ 本畅销书，在这里我会持续分享个人成长、读书

写作、认知思维、自媒体运营等干货。

欢迎点击我的头像，期待大家与我一起成长。

不懂就问有问必答 # 自我提升 # 新人博主

接下来，让 DeepSeek 进行优势分析，提问如下。

请帮我分析这篇小红书笔记的优势，笔记如下 ××。

DeepSeek 分析得非常到位。

这篇小红书笔记有以下显著优势：

1. 标题吸睛

以"终于有人把怎么做自媒体博主说清楚了"这样的表述，精准抓住了想要做自媒体博主人群的痛点和好奇心，能够在众多笔记中迅速吸引目标受众的注意力，激发他们进一步阅读的欲望。

2. 身份背书

作者开篇就自报家门"我是秋叶大叔"，并在结尾处补充了自己"写作 20 年，全网粉丝 200 万 +，已出版 60+ 本畅销书"等信息，这些亮眼的成绩为其分享内容的专业性和可信度提供了有力支撑，让读者更愿意相信和跟随他的建议。

3. 解决痛点

笔记敏锐地捕捉到很多想要做自媒体的小白一直观望、迟迟不行动的痛点，明确指出自媒体红利不能等，同时给出了一份详细的自媒体规划表格，为新手提供了清晰的操作步骤和行动指南，具有很强的实用性和针对性。

4. 内容呈现清晰

按照时间顺序，详细列出了前四天的具体规划，包括写下兴趣爱好和擅长领域、确认定位、寻找对标账号、列出选题等，让读者一目了然，易于理解和执行。并且提到"篇幅有限，更多内容看上方图片"，合理引导读者查看更多补充信息。

5. 话题标签合理

笔记末尾添加了如"#不懂就问有问必答""#自我提升""#新人博主"等热门话题标签，有助于增加笔记的曝光度，让更多有相关需求的用户能够搜索到这篇笔记，扩大受众范围。

6. 引导互动

结尾处作者表达"欢迎点击我的头像，期待大家与我一起成长"，积极引导读者与自己进行互动，增强了与粉丝之间的连接，有助于构建稳定的粉丝群体。

接下来，我们连续发问，对 DeepSeek 提出精准要求。

> 请根据以上优势特色，为我写一篇主题为"高效读书的 3 个技巧"的小红书笔记，我是宋宋，当当影响力作家，要求能给用户带来情感价值和使用价值，让用户看完觉得有收获、愿意主动链接，字数在 600 字左右。

看 DeepSeek 给出的笔记。

> Hi，我是宋宋，当当年度影响力作家，靠读书实现自由职业的 90 后小镇女孩。今天分享 3 个让我从读书小白进阶年阅百本的技巧，亲测有效！
>
> 【技巧一】目标导向阅读法：让每本书都成为你的"答案之书"。很多人读书像无头苍蝇，是因为没问对问题！试试以下两步。
>
> 1. 撕张便利贴写下："读完这本书，我最想解决什么问题？"（比如：如何坚持做读书笔记？）
>
> 2. 用 SQ3R 法"解剖"书籍：Survey，快速浏览目录→ Question，带着问题找答案→ Read，精读关键章节→ Recite，用自己的话复述→ Review，睡前回忆重点。
>
> 举例：读《如何有效阅读一本书》时，我专注攻克

"如何做有用笔记"的难题，结果3天就掌握了葱鲔火锅式笔记法，现在每本书都能提炼出行动清单。

【技巧二】结构化笔记法：把知识装进大脑"保险箱"，别再抄书式做笔记！这套方法让我读书效率翻3倍。思维导图进阶版：中心写核心问题→一级分支记录解决方案→二级分支贴实践案例照片。举例：读《认知觉醒》时，我用"早起困难"作为中心词，延伸出5个落地方法，现在每天6点自然醒并开始阅读。

【技巧三】输出倒逼输入法：让知识长出血肉，读书不输出≈没读！这套组合拳让你读1本顶10本。

✨ 朋友圈微分享：每周选3条读书心得，配上书中金句＋生活实拍图

✨ 给朋友讲书：用"3个收获＋1个行动"的结构，把书讲给闺蜜听

✨ 我坚持了两年，收到了出版社的邀约

那些读过的文字，终会变成你眼底的光。我是用读书改写人生的宋宋，点击我的头像，送你一份独家读书变现路径图，让我们一起在文字里遇见更好的自己～ #高效阅读 #女性成长 #读书博主 #认知觉醒 #当当好书

内容亮点拆解如下。

1. 身份强化：用"小镇女孩"逆袭经历增强共鸣，背

书信息自然植入场景。

2. 情感价值：贯穿"焦虑内耗→找到方法→获得蜕变"的情绪曲线。

3. 行动钩子：每个技巧都能实操，符合小红书用户"收藏即行动"的心理。

4. 链接入口：用"独家路径图"作为福利诱饵，自然引导主页互动。

这则 DeepSeek 数秒内撰写出来的小红书笔记，大家觉得如何？

可以说，它做到了快速产出高质量笔记。除了它自由发挥的"宋宋人设"不太对，其余知识点都写得简洁且有干货。那么接下来，我们只需根据自己的实际情况，对笔记进行具有针对性的字词和文风修改即可。

Hi，我是宋宋，当当年度影响力作家，靠读书实现职业自由的全职妈妈。今天分享 3 个让我从读书小白进阶作家的技巧，亲测有效！

【技巧一】目标导向阅读法：让每本书都成为你的"答案之书"

很多人读书像无头苍蝇，是因为没问对问题！

试试用 SQ3R 法带着问题解剖书籍：Survey，快速浏览目录→ Question，带着问题找答案→ Read，精读关键章节→ Recite，用自己的话复述→ Review，睡前回忆重点。

举例：读《如何有效阅读一本书》时，我专注攻克"如何做有用笔记"的难题，结果 3 天就掌握了葱鲔火锅式笔记法，现在每本书都能提炼出行动清单。

【技巧二】结构化笔记法：把知识装进大脑"保险箱"，别再抄书式做笔记！思维导图进阶版这套方法让我读书效率翻 3 倍：中心写核心问题→一级分支记录解决方案→二级分支贴实践案例照片。举例：读《认知觉醒》时，我用"早起困难"作为中心词，延伸出 5 个落地方法，现在每天 6 点自然醒并开始阅读。

【技巧三】输出倒逼输入法：让知识长出血肉，读书不输出≈没读！

这套组合拳让你读 1 本顶 10 本。

❀ 朋友圈微分享：每周选 3 条读书心得，配上书中金句图。

❀ 给朋友讲书：用"3 个收获 +1 个行动"的结构，把书讲给闺蜜听。

✿ 坚持了两年，我收到了出版社邀约，从全职妈妈成长为作家。

　　那些读过的文字，终会变成你眼底的光。我是用读书改写人生的宋宋，点击我的头像，送你一份独家读书变现路径图，让我们一起在文字里遇见更好的自己。

　　# 高效阅读 # 女性成长 # 读书博主 # 认知觉醒 # 当当好书

　　不难发现，在精准要求下，DeepSeek 创作的小红书笔记质量很高。它精准定位目标群体，精简分享实用干货，结尾的互动引导巧妙，能进一步激发用户主动链接的意愿，我们只需结合个人风格进行修改和润色即可。

　　毋庸置疑，DeepSeek 工具为小红书运营带来了极大便利，能高效且轻松地生成优质笔记。不过，若想创作出真正打动人心的文案，文案创作者就得更深入地学习和积累，激发出更多感悟和共鸣，从而更有效地利用 DeepSeek。

第 **3** 章

DeepSeek 助力公众号：流量变现 + 知识付费双引擎

 深度思考（R1） 联网搜索

短视频的流行对图文，尤其长文形式内容的阅读量造成了一定的影响，但依托微信庞大的用户群体，公众号依然是文案创作者的重要流量阵地。过去，AI 工具在短文案创作中表现突出，但在长文案领域显得力不从心。然而，随着 DeepSeek 的崛起，长文案的 AI 撰写能力显著提升，为创作者的公众号平台（后简称"公众号"）变现提供了新的可能性。

↑ 3.1 公众号五大变现方式全解析

作为公众号阅读者，你是否思考过：那些你每天阅读的文章，是如何实现变现的？其实，公众号的变现方式多种多样，只要找到适合自己的路径，就能将流量转化为实实在在的收益。我们来详细拆解下公众号的变现方式。

3.1.1 流量主广告：粉丝基础弱变现的起点

在阅读公众号文章时，文中或文底常有嵌入的图文广告。这些广告会随着文章的曝光而得到展示，如果读者点击广告，那么创作者将获得收益。因此，文章的阅读量越大，流量主广告所带来的收益就越可观。

开通门槛：粉丝数 ≥ 500 即可开通。

收益方式：广告随机展示，按曝光量和点击数计算收益。

建议：适合新手，但需要注意内容与广告的匹配度，避免影响用户体验。

3.1.2 赞赏功能：来自读者的认可和打赏

在公众号文章的底部，读者常常会看到粉丝打赏模块。这是读者对创作者最直接的支持与肯定，无关阅读量的高低。我们的学员中就有这样的案例：尽管文章阅读量并不突出，但凭借优质内容，月赞赏收入能突破千元。这种来自读者的认可，不仅是一份收入，更是一种鼓励，激励着创作者继续前行。

开通门槛：需开通原创功能，并且发表 3 篇同一作者名字的原创文章。

收益方式：运营者可设置赞赏金额或由读者自定义金额进行赞赏。

建议：尽早开通赞赏功能，平台会给予更多推荐，并增加文章的曝光率和流量。

3.1.3 返佣推广：带货变现的利器

公众号返佣推广是一种基于分销模式的变现方式。运营者可以在文章中插入商品链接（如电商平台商品、课程等），当用户通过链接购买商品后，运营者即可获得一定比例的佣金。比如，我们经常在公众号文章中插入书籍的销售链接，不仅推广了书，还为读者提供了便捷的购买渠道，同时还能获得一定的佣金收益，一举多得。

开通门槛：粉丝数 ≥ 100 即可开通。

收益方式：插入商品链接（各类商品、课程等），用户购买商品后即可获得佣金。

建议：选择与账号定位匹配的商品，避免过度推广导致粉丝流失。

3.1.4 软文广告与品牌合作：高价值变现的进阶之路

1. 软文植入

开通门槛：需有一定的阅读量和账号质量，无平台粉丝量要求，但需无违规记录。

收益方式：为品牌撰写定制内容，报价从数千元到数十万元不等。

建议：保证内容质量，避免过度商业化而影响粉丝黏性。

2. 品牌冠名

开通门槛：适合垂直领域头部账号。

收益方式：长期合作或独家冠名，收益稳定。

建议：深耕垂直领域，提升账号影响力。

3.1.5 付费阅读与知识付费：内容变现的"高光时刻"

"秋叶大叔"公众号偶尔会发布付费阅读文章，尤其是一些独家干货内容。我们会设置部分内容付费阅读，通常定价8.8元，既让读者以较低成本获取了较高价值的信息，也通过付费模式筛选了更精准的读者群体。这种模式，既实现了知识价值的传递，也让创作者与读者建立了更深层次的连接。

1. 付费阅读

开通门槛：需开通原创功能。

收益方式：设置部分内容付费查看，单价自定。

建议：提供高价值信息，避免用户退款。

2. 知识产品

开通门槛：需要拥有黏性高的粉丝群，拥有一定的专业号召力。

收益方式：销售课程、提供咨询服务或接入第三方知识付费平台。

建议：打造差异化产品，提升用户付费意愿。

公众号变现并非一日之功，它需要满足3个核心条件。

（1）提供原创内容：这是账号的根基，也是吸引粉丝的关键。

（2）阅读量达标：影响力是变现的基础，阅读量越高，变现潜力越大。

（3）百人粉丝池：100 个粉丝是变现的起点，也是迈向更大收益的第一步。

因此，我们需要找准赛道，根据账号定位选择适合的变现方式，比如带货、接广告或提供付费内容。我们需要持续打磨内容，优化内容质量，用优质内容吸引粉丝，逐步突破流量瓶颈以获得更多粉丝。这也就意味着我们需要调教 DeepSeek 高效创作出高阅读量 + 高转化的公众号文案，让它成为我们的内容产出加速器。

↑ 3.2 一分钟生成 10 万 + 灵感：DeepSeek 产出"双价值"爆款选题和标题

我们始终强调，一个具备爆款潜力的选题，往往决定了文案流量的上限，而在此基础上，一个高点击率的标题则决定了读者长时间的停留并阅读，最终引爆传播。与小红书"爆款是重复的"不同，公众号爆款的核心往往是"热点"+"独特视角"。热点自带流量，但如何从中挖掘出大众感兴趣的角度才是真正的挑战。想要让热点视角与众不同，需要满足以下两个关键条件：

（1）个性价值。公众号同质化内容泛滥，用户很容易产生疲倦感。别说阅读文章正文，就是扫一眼标题的时间都很短。情况越是这样，我们的文案内容就越要结合热点表达自己的个性。只有吸引了读者的注意力，我们才能牢牢地抓住他们的眼球。

（2）实用价值。文案内容必须实用，并且能给读者提供价值。这种价值可以体现在情感、实用和商业3个方面。如果读者对于从文案中获得的价值感到满意，他们就会对公众号产生信任感，从而成为高黏性的粉丝，转发、收藏、下单。

根据"新榜排行榜"数据，2025 年"三八节"（国际妇女节）当天，3 篇与节日热点相关的文章成功突破 10 万 + 阅读量。

洞见账号：《"三八节"：女到中年，为自己撑伞》（阅读数 10 万 +，赞看数 [①]30 456）；

一简文案账号：《3·8 女神节朋友圈抄一句，没有人舍得屏蔽你》（阅读数 10 万 +，赞看数 2749）；

叶檀财经账号：《叶檀：乘风而起，见证女性新时代》（阅读数 10 万 +，赞看数 1207）。

这 3 篇文章虽然都以"三八节"为切入点，但都从各自

---

① 赞看数指点赞数与在看数之和。——编者注

账号定位出发，挖掘了独特的视角和价值。

洞见账号：聚焦女性自我成长，用"撑伞"比喻传递独立力量；

一简文案账号：提供实用文案模板，满足用户社交需求；

叶檀财经账号：从财经视角解读女性新时代，实现深度洞察。

也就是说，每一个爆款文章的背后，其实都是公众号运营者对热点的精准捕捉与个性化表达，"三八节"成功案例说明，爆款 = 热点 + 定位。

过去，虽然我们深知要借助热点，并且写出独特的视角和价值，但因为缺乏知识积累，往往心有余而力不足。现在，我们完全可以要求 DeepSeek 帮助我们轻松捕捉热点，挖掘内容深度，让创作变得事半功倍。

> **⊏⁺ 提示词模板**
>
> 你非常擅长撰写爆款公众号文章，请结合 × 热点，针对我的 × 账号定位，深度挖掘 × 个微信公众号爆款文章选题 / 标题，要求：
>
> （1）符合自媒体公众号阅读量 10 万 + 文章的特征。
>
> （2）选题角度要根据我的账号定位呈现出个性、与众不同，从而引发用户兴趣。

（3）选题内容要实用，或能帮助用户发泄情绪，或能提供实用价值、商业价值。

（4）以爆款标题的形式呈现，能立刻引起读者的兴趣，提高点击率和转发率。

举个例子，如果我账号的定位是"女性成长"，那么可以这样提问。

你非常擅长撰写爆款公众号文章，请结合【三八节】热点，针对我的【女性成长（越细越好）】账号定位，深度挖掘10个微信公众号爆款文章选题／标题，要求：

（1）符合自媒体公众号阅读量10万＋文章的特征。

（2）选题角度要根据我的账号定位呈现出个性、与众不同，从而引发用户兴趣。

（3）选题内容要实用，或能帮助用户发泄情绪，或能提供实用价值、商业价值。

（4）以爆款标题的形式呈现，能立刻引起读者的兴趣，提高点击率和转发率。

来看看 DeepSeek 数秒内给出的答案。

10 个"三八节"女性成长爆款选题（副标题公式拆解）

以下选题结合"痛点共鸣 + 实用价值 + 情绪价值"设计，覆盖女性自我提升、搞钱思维、内核成长等差异化方向，并植入节日热点钩子。

1. 搞钱赛道：小众暴利变现法

标题:《"三八节"特辑 | 这 3 个没人明说的搞钱野路子，普通女生也能月入 5 位数》，价值点：结合返佣分销、副业、轻资产创业案例，植入知识付费入口。

2. 年龄焦虑破局：中年逆袭指南

标题:《35 岁才懂：中年女性的顶级活法，是把自己当"公司"经营》，价值点：拆解蒙曼"中年不必焦虑"热点，提供个人 IP 打造、资源整合技巧。

3. 情绪价值：内核稳定心法

标题:《刷到就是被提醒：女生狠狠富养自己的 3 个暗黑偏方》，价值点：结合龚自珍诗句，解析"胸中海岳梦中飞"，给出冥想、能量场管理实操方法。

4. 审美革命：反身材焦虑

标题:《停止减肥！2025 年最爽活法：做个"不漂亮"的女生》，价值点：引用蒙曼热点，分析历代审美变迁的情况，提供健康管理方案。

5. 认知升级：信息差赚钱

标题：《"三八节"清醒书单：读烂这 5 本书，彻底摆脱"好女孩"诅咒》，价值点：开通商品返佣，附上图书购买链接。

6. 情感成长：大女主思维

标题：《建议所有女生：把老公当"投资人"，婚姻爽度飙升 200%》，价值点：用商业思维解析亲密关系，植入情感课程。

7. 自律逆袭：时间管理术

标题：《"三八节"福利 | 每天"偷"2 小时做这件事，半年后同事求你带飞》，价值点：拆解"时间颗粒度"概念，植入自律打卡社群概念。

8. 原生家庭疗愈：自我重塑

标题：《从小被说"不配"的女生，请疯狂做这 4 件事改写人生剧本》，价值点：结合心理疗愈案例，引导用户购买图书 / 咨询服务，从而实现变现。

9. 格局破圈：财富吸引力法则

标题：《亲测有效！女生旺自己：把朋友圈当成"财神庙"经营》，价值点：解析朋友圈人设打造心法，植入个人 IP 课程。

10. 节日特供：女性力量宣言

标题：《2025 年"三八节"清醒文案：别祝我"女神"快乐，请祝我"资产过亿"》，价值点：提供节日海报模板，引导用户转发，实现裂变。

爆款底层逻辑

标题公式：痛点 / 热点关键词 + 反常识观点 + 结果承诺。

内容设计：30%情绪共鸣 +40%方法论 +30%变现引导。

节日适配：用"特辑 / 福利 / 清醒文案"等强化节点关联性，提升打开率。

如需完整 100+ 女性成长爆款标题库，可参考新榜、知乎专栏等平台分析。

不得不承认，DeepSeek 提供的 10 个爆款选题 / 标题及其价值点建议，堪比一位专业文案专家的手把手教学。当然，借助 DeepSeek 工具挖掘热点选题只是第一步，我们还需要结合自身定位与个人经历，专注于文案的创意打磨与内容质量的提升。

↑ 3.3 10倍转发率：调教DeepSeek用"情绪钩子"激发流量

有了爆款选题/标题后，如何从动笔困难户逆袭成文案创作高手呢？过去，我们可能耗费数小时打磨一篇文案，或反复调整提示词，试图让 AI 生成达到及格线以上的内容，再手动润色。然而，现在借助 DeepSeek，干货类、逻辑类文案的创作变得前所未有的简单和高效，并且在"激发点赞收藏和转发"的精准要求下，就能撰写出引导读者转化的文案。基于以上前提，分享一个万能提示词模板。

> **🗨 提示词模板**
>
> 你非常擅长撰写爆款公众号文章，请针对我的 ×× 账号定位，撰写1篇标题为 ×× 的文章，呈现【你关于文章主题、受众、目的、框架的思考，越细致越好】内容，便于女性读者理解和共鸣，从而激发读者点赞、收藏和转发。

举例，一个定位为女性成长的账号，想借助"三八节"热点写一篇轻松但能激发女性共鸣和转发的文章，该账号在 10 个爆款选题里选择了第 10 个选题进行文案撰写。我们可以这样向 DeepSeek 提问。

你非常擅长撰写爆款公众号文章，请针对我的【女性成长】账号定位，撰写 1 篇题目为《2025 年"三八节"清醒文案：别祝我"女神"快乐，请祝我"资产过亿"》的文章，要求【文章归纳出写给"女神"看的 30 句人生清醒文案，有金句，有哲理】，便于女性读者理解和共鸣，从而激发读者点赞、收藏和转发。

让我们来看看 DeepSeek 创作的文案。[①]

2025 年"三八节"清醒文案：别祝我"女神"快乐，请祝我"资产过亿"。

——献给所有希望清醒成长的女性

2025 年的"三八节"，我们拒绝被"女神""女王"的虚名定义。与其收一束转瞬凋零的玫瑰，不如拥有手握"资产过亿"的底气。这 30 句清醒文案，写给所有在成长路上披荆斩棘的女性——愿我们活得通透，赚得坦荡，爱得自由。

一、关于自我价值：你的存在，本就不需被定义

1. 别用"伟大"绑架我，我只想活得痛快。

---

① 相关文案话术为 AI 生成，无任何不良引导。——编者注

2.我的子宫不欠任何人的解释，生或不生都是满分答案。

3.美貌会贬值，但脑子里的"金矿"永远会增值。

4.优秀不是嫁人的筹码，而是闯荡江湖的刀。

5.拒绝被"少女感"PUA（精神控制），我的皱纹里写满故事和底气。

二、关于财富观：钱比爱情更忠诚，资产比承诺更可靠

1.可以相信爱情，但更相信工资卡上的数字。

2.与其等别人送包，不如自己买下整座商场。

3.别祝我嫁入豪门，祝我亲手打造豪门。

4.攒钱不是抠门，是对人身自由的精准投资。

5.被动收入＞主动收入，才是成年人的清醒。

三、关于人际关系：远离消耗，只和"增值型"的人交手

1.无效社交不如独处，低质量婚姻不如单身。

2.朋友的数量不如质量，三个贵人胜过三百点赞。

3.原生家庭的伤，用赚钱能力来治愈。

4.职场中没有"女士优先"，只有能力者优先。

5.爱情可以没有，但合作必须双赢。

四、关于成长思维：狠心"功利"，才能活得漂亮

1.每天早起一小时，不是自律，是"抢钱"。

2. 拒绝"情绪内耗"，只做"行动派"。

3. 低谷期不找闺蜜哭，去找行业报告看。

4. 把"我不配"换成"我值得"，贵气自来。

5. 你的舒适区，正在偷偷"杀死"你。

五、关于生活哲学：精致不如精准，悦人不如悦己

1. 精致穷不如"精准富"，面子不如里子。

2. 健身房打卡不如财报打卡，马甲线会塌，但钱不会。

3. 旅行不是逃离生活，而是为了更好地回来战斗。

4. 断舍离的核心，是扔掉"讨好型人格"。

5. 拒绝"'女神节'促销"，只买资产和体验。

六、终极清醒：你的野心，本就配得上天下

1. 别怕被骂"野心婊"，没野心的女人才可悲。

2. 不羡慕豪门太太，只佩服白手起家的富婆。

3. 婚姻不是归宿，自我实现才是。

4. "资产过亿"不是终点，是自由选择的起点。

5. 祝我"资产过亿"，祝我自由到底——这才是我要的节日快乐。

你的人生，本就不需他人颁奖。

这30句文案，写给所有在成长路上清醒又坚定的女性。

点赞并收藏这篇文章，不是为了迎合节日，而是为了提醒自己：玫瑰与荆棘，你都可以自己种；王冠与江山，

你都能亲手挣。

转发给闺蜜，2025 年，我们一起"资产过亿"！

可以看到，DeepSeek 撰写的文案质量较高，尤其是结尾的引导转化金句，极其自然又有指引性，可以大大提高点赞量、收藏量和转发量。当然，故事类、观点类的文案还需要文案创作者自行设计主题、思考框架，并且借助 DeepSeek 工具仔细打磨才能保证内容既有文采又有个性。

如果想让 DeepSeek 生成更贴合个人特色的文案，也可以将本节的提示词模板与"参考素材"结合使用。建议公众号运营者精选最多 5 篇范文（"投喂"参考素材），与提示词模板一同输入 DeepSeek，参考提示词模板如下。

提示词模块

我给你发 5 篇公众号爆款范文，请你仔细分析，归纳，总结其框架、主题、观点、案例、字词等优势，再针对我的 × 账号定位，为我撰写 1 篇标题为《×》的文章，呈现【输入你关于文章主题、受众、目的、框架的思考，越细致越好】内容。要求：参考我发送给你的范文，分析其优势进行借鉴和撰写，内容要便于读者理解和共鸣，从而激发读者点赞、收藏和转发。

公众号运营者可以多将青睐的范文和自己撰写的风格鲜明的文章"投喂"给 DeepSeek。随着对你风格和偏好的了解，它将逐渐成为你的专属助手，助你事半功倍。当然，运营者还需要根据实际情况多多进行细节打磨。

↑ 3.4 商品转化提效术: 软文植入的三大 DeepSeek 心法

DeepSeek 并非万能，尤其在情感类、观点文等需要温度与深度的领域，它或许难以完全满足创作者的期待。然而，它的优势在于：它能成为文案创作者的灵感引擎与框架导师，尤其是在写商品软文的时候，它能提供精准创意和高转化的文案框架，堪称"文案老师"。

那么，具体该如何使用 DeepSeek 呢？

很简单——把你所有的问题都抛给它。

第一步——提出问题：让 DeepSeek 帮你梳理思路。

第二步——生成初稿：要求它根据它的答案撰写文案。

第三步——润色完稿：结合实际需求查缺补漏，打磨出属于你的作品。

例如，我们的商品是"秋叶写书私房课，通过图书策划助力学员出版书籍，打造个人品牌"我们需要写一篇公众号软文，从而对秋叶写书私房课进行推广和学员招募，但现在完全没有写作思路，那么我们该如何要求 DeepSeek 并获得帮助呢？让我们用上述 3 个步骤进行操作。

第一步：提出问题，让 DeepSeek 梳理思路，提示词模板如下。

💬 **提示词模板**

> 我的商品是"秋叶写书私房课，通过图书策划助力学员出版书籍，打造个人品牌"，我想要写一篇公众号软文，对商品进行推广且要引起读者的兴趣、获得信任，并产生购买欲望，请问该如何撰写，我需要提供什么素材给你？

我们来看看 DeepSeek 的建议。

> 根据您的需求，结合搜索结果的学员案例和课程优势，给出以下公众号软文结构和素材需求。
>
> 一、标题建议：《素人逆袭成畅销书作者！276 位新人出书撬动高校合作、央视曝光、百万资源，他们做对了什么？》
>
> （注：用数字＋反差感制造吸引力，突出课程成果）

二、正文结构及内容参考

1. 痛点共鸣 + 课程价值（开头）

「你是否也面临这样的困境？有专业经验却无法出圈，影响力局限在小圈子里；想通过出书提升个人品牌，但不懂选题策划，并且可利用的出版资源匮乏；担心书卖不动，无法带来实际资源转化……普通人出书难？秋叶写书私房课276位学员用成果证明：找对方法，出书 = 影响力杠杆 + 事业加速器！」

（引用素人学员案例，强化可信度）

2. 成功案例展示（分维度呈现）

【案例1】企业培训师→高校合作资源

阿潘（企业高效成交教练）通过参加课程梳理了知识体系，由此整合出的新书被30余所大学图书馆收录，获得高校讲座邀约，并链接了更多人。

【案例2】全职妈妈→当当影响力作家

全职妈妈宋宋参加课程，之后出版的图书《24堂男孩养育课》取得当当榜单七榜第一的好成绩，入选《中国出版传媒商报》2023年第二季度影响力书单。

【案例3】小学老师→畅销书作者

冯稳秀参加课程后，从普通教师转变为"书圈高产人"（1年签约6本书），多家出版社争相向其约稿。（用

真实故事强化"转型可能性"，建议提供学员形象照＋图书封面图）

3. 课程核心优势解析（解决疑虑）

（1）系统方法论＋AI提效。独创「选题定位—大纲设计—样章打磨」全流程体系，避免自嗨式写作；

结合AI优化书稿，使效率提升10倍（如用AI生成案例库、优化逻辑）。

（2）出版社直通车。与80余家出版社签订战略合作，线下课与图书策划编辑现场签约。

（3）营销赋能长效变现。新书上市冲榜策略（如当当榜单打法）；

秋叶IP矩阵曝光（公众号／直播／社群联合推广）。

（需提供课程服务流程图、出版社LOGO墙素材）

4. 信任背书强化

数据背书：6年累计帮助226位素人出书，学员图书总销量超300万册；

行业认可：案例被央视、省作协、高校图书馆收录；

用户证言：附学员评价截图（如"课程顾问1对1诊断，3周搞定选题"）。

（需收集学员推荐视频／文字评价）。

5. 行动号召 + 限时福利

「扫码预约直播，解锁 3 重福利」

（1）免费领取《秋叶写书方法论》电子手册（价值 299 元）。

（2）前 50 名报名赠「AI 写书提示词库」。

（3）直播抽奖送 1 对 1 出书诊断机会！。

（需提供课程顾问二维码、手册封面图、直播间入口）

三、需要您提供的素材清单

学员成果素材：

成功学员高清形象照 + 图书封面图。

图书销量榜单截图、媒体报道截图。

学员资源转化证明（如高校邀请函、合作合同可公开内容节选）。

课程服务素材：

课程大纲／服务流程图。

出版社合作名单及 LOGO。

线下课现场签约照片。

营销素材：

秋叶大叔推荐视频。

往期学员感谢信／评价截图。

直播间预约海报模板。

四、文案风格建议

数据化表达：突出"276 位学员""30 余所高校""4 次加印"等具体成果。

场景化描述："小学老师逆袭签约"等故事引发共鸣。

权威感营造：引用出版社编辑评价（如"选题新颖""市场潜力大"）。

以上结构可灵活调整，重点是通过真实案例＋系统方法论打消顾虑，引导读者想象"出书后的资源增多了"，最终转化为课程购买。

我们会发现，从软文创意到主题，再到框架和案例，以及需要准备的素材，DeepSeek 已经考虑得非常全面和专业了。接下来，我们就进入第二步，要求 DeepSeek 根据它自己给出的建议撰写文案初稿，提示词模板如下。

⌨ 提示词模板

请你根据以上建议为我撰写一篇【1000 字左右】的公众号软文，推广【秋叶写书私房课】，并确保课程实现购买及转化。（按建议上传相关素材更佳）

来看看 DeepSeek 撰写的文案。

标题：《素人逆袭成畅销书作者！276 位新人出书撬动高校合作、央视曝光、百万资源，他们做对了什么？》

你是不是也这样？

明明有专业经验，但影响力总困在小圈子里；

想通过出书提升个人品牌，却不懂选题策划，并且可利用的出版资源匮乏；

辛辛苦苦写的书，销量惨淡，无法带来实际资源转化……

别焦虑！276 位普通人用出好书实现了人生跃迁：企业培训师阿潘的新书被 30 余所高校图书馆收录，小学老师冯稳秀 1 年签约 6 本书成为清华大学出版社签约作者……他们的共同选择，就是秋叶写书私房课。

一本书，如何改变普通人的命运？

35 岁的企业 HR 刘芳，曾因职业瓶颈陷入迷茫。加入秋叶写书私房课后。她 3 个月完成了《战略人力资源新实战》一书的书稿。最终，这本图书首周冲上当当平台管理类榜单第一名，培训报价翻 3 倍。全职妈妈郭琼边带娃边写书，凭借《给孩子过好一生的勇气》拿下当当平台七个排行榜第一名。

这些故事的背后，藏着普通人出书的三大真相：

系统方法比天赋更重要：

秋叶独创的"三阶成书法",从选题定位到样章打磨,避免自嗨式写作。

资源比努力更关键:

与 80 余家出版社合作,有机会在线下课中现场签约。

营销决定书的生命力:

宋宋的《24 堂男孩养育课》面市 7 小时售罄,入选《中国出版传媒商报》影响力书单。

为什么秋叶写书私房课能让素人逆袭?

(1)AI 提效,3 周完成初稿。房产专家黄海在编辑的指导下,用 AI 生成案例库并优化逻辑框架。最终,其与季老湿合著的新书《秒卖:写给业主的 36 个卖房大法》在预售阶段即登上京东平台榜首的位置。

(2)出版社资源"抱大腿"。检察官穆莉萍的性教育系列图书销量破 20 万册,多家出版社争相合作。

(3)营销杠杆放大个人品牌。演讲教练汤金燕的《演讲高手》繁体版火速"登陆"台湾省市场。

"怕写不好?怕卖不动?"6 年数据给你答案

276 位素人作者:从宝妈到检察官,覆盖 30+T 行业;

300 万册总销量:学员图书被央视推荐,被高校图书馆收录;

90% 学员复购推荐:"秋叶编辑连标点符号都帮我改!"

扫码预约直播，解锁 3 重专属福利

√免费领《秋叶写书方法论》电子手册（价值 299 元）。

√前 50 名赠「AI 写书提示词库」，效率飙升 10 倍。

√抽奖送秋叶大叔 1 对 1 出书诊断。

最后，写给每一个不甘平凡的你："普通人一生或许只有一次出书机会，但一本好书足以让你被世界看见。276 位先行者已经点亮火炬，下一个逆袭故事的主角，为什么不能是你？"

（插入素材后内容更丰满，转化率可提升超过 30%）

看完 DeepSeek 根据它自己的建议撰写的这篇软文，我们发现它已经具备了软文的核心骨架，大大提高了我们的效率。接下来只需结合自身需求，做好第三步。只要通过以下 3 个方面细细打磨，就能打造出一篇极具个人特色的专属爆款文案。

（1）补充细节，注入温度：用真实的案例故事打动读者，让情感链接更紧密。

（2）提炼卖点，提升专业度：深度打磨商品优势文案，确保文案的专业性和说服力。

（3）定制福利，增强吸引力：结合实际设计专属福利，激发读者下单行为。

第**4**章

知乎 DeepSeek 实战：小白逆袭的好物推荐攻略

 深度思考（R1）　🌐 联网搜索

与小红书"种草平台"、微信公众号"流量平台"不同，知乎堪称用户体验感最佳的问答社区。在这里，我们通过"提出问题＋回答"的形式，轻松获取多样化的专业解答。然而，很多人可能不知道，知乎还是一个对新手小白极其友好的变现平台，既可以分享知识又可以实现收入增长。

↑ 4.1　知乎创作者升级技巧及三大核心变现方式全解析

为什么知乎平台（后简称"知乎"）用户体验最佳？

在其他平台，提升阅读量、涨粉往往像一场孤独的跋涉，要摸索方向，也不容易得到回应。然而，在知乎，你的每一次发文都会被平台看见并得到热烈回应。此外，每一篇文案都有长尾效应，让你对未来充满期待。知乎为创作者设置了等级体系，每跨越一个等级，就能解锁不同的权益并获得相应的收益渠道。更让人惊喜的是，升级标准相对宽松——看重文案撰写力，并且鼓励你花时间研究、运营账号。只要你愿意投入，相对于其他平台来说，知乎就是回报率性价比较高的平台。接下来，我们将详细介绍知乎创作者等级的升级标准以及收益权益，助你轻松开启知乎变现之旅。

4.1.1　创作者等级

从一级开始不断升级，升级依据包括 5 个方面，分别是：

（1）内容优质分（产出具有获得感的原创内容，被社区认可为优质内容）。

（2）创作活跃度（积极创作回答、文章、视频、想法、问题等内容）。

（3）社区成就分（通过积极参与社区建设并持续创作优质内容，获得优秀答主等荣誉称号认证）。

（4）创作影响力（创作为他人带来启发的内容，获得赞同、喜欢、收藏、评论、分享等互动反馈）。

（5）关注者亲密度（创作优质内容，获得更多'知友'关注，并与关注者积极互动）。

通过以上 5 个方面，我们可以发现，用户在知乎是可以比较轻松地实现"日更"的，只要能保证一定的创作活跃度，就能尽早升级，开通各类权益。

4.1.2　不同创作者等级可获得的对应核心权益

创作者等级越高，就越有机会获得更多权益，增加收益渠道。

创作者等级 ≥ Lv1 级，即可开通"盐选合作"，作品即可升级为付费阅读作品，享受分成。

创作者等级 ≥ Lv3 级且账号注册时间 ≥ 90 天，可开通"好物推荐"，在回答、文章、视频、直播中插入商品卡片，获得相应的返佣收入。实名认证后还可开通直播功能，获得打赏收益，并且获得平台流量和个人品牌发展扶持。

创作者等级 ≥ Lv4 级且至少发布 5 条原创视频，即可开通视频收益，通过评估视频的播放和互动数据来赚得作品收益。

创作者等级 ≥ Lv5 级，即可开通送礼物功能，获得用户赠送的付费礼物。

创作者等级 ≥ Lv6 级，即可开通品牌特邀合作，入驻芝士平台的创作者广场，解锁品牌任务，获得高收益广告合作。

Lv5 级 ~ Lv10 级可获得领取盐选代金券、会员卡、免费读书卡等其他权益。

4.1.3 三大核心变现方式与规则

很多人一看到"等级"二字，就担心"可望而不可即"，但实际上，知乎的升级速度快得超乎想象！知乎后台会通过各种创作灵感、互动任务、活动挑战和奖励机制，全力协助用户快速升级。更重要的是，我们可以通过以下 3 种核心方式变现，让你的知识分享转化为实实在在的收益。

1. 通过"内容流量"变现

（1）盐选合作。投稿至盐选合作，在平台审核后进行推广，收益按销售分成。此种变现方式适合小说、职场干货等长内容。

（2）视频收益。等级 ≥ 4 级，发布 ≥ 5 条原创视频即可开通收益，基于播放量、点赞、评论综合评估计算收益。

2. 通过"电商广告"变现

（1）好物推荐。等级 ≥ 3 级且注册 ≥ 90 天，即可通过文案带货获得佣金。特别提醒：知乎平台的一、二线城市用户占比高，因此更适合高客单价知识服务与商品推广。

（2）完成品牌任务（芝士平台）。等级 ≥ 8 级，即可自行报价，撰写商品软文。

3. 通过"知识付费"变现

付费咨询，等级 ≥ 4 级即可结合个人品牌和个人专业开通个人专属付费咨询业务，单价自定（如高考咨询 199 元 / 次，旁听收益 10 元 / 次）。

建议知乎新手从"好物推荐"和"视频收益"入手，因为这两种方式门槛低且流量随机性强，适合快速起步。成熟账号则可以聚焦"盐选合作"与"付费咨询"两种方式，提升内容深度与用户黏性，从而获得更高收益。

值得注意的是，知乎默认非原创或抄袭内容无法获得权益。因此，运营者需特别注意：将 DeepSeek 作为创意工具，获取灵感并完成初稿后，根据账号定位和个人实际情况，将文稿调整成体现个人价值的优质稿件，只有这样才能真正实现长期变现。

↑ 4.2 爆款 "想法" 库：DeepSeek 带来的创意激发术

知乎的 "想法" 简单易上手，却是创作者快速升级的捷径。它的任务清晰明确，比如 "发布 1 条 20 字以上、带 3 张图的 '想法'"。门槛低、分值高，利于创作者快速升级。更贴心的是，知乎会推荐热门话题，如 "我的摄影日记" "晒晒我家萌宠的肚皮" "旅途随手拍" "路上的风景" 等，为新手小白提供灵感，让你告别选题焦虑。

假设你在知乎的账号定位是读书号，那我们可以选择 "路上的风景" 这一话题，结合阅读与旅行创作出独特的内容。我们可以让 DeepSeek 提供一些灵感。

> 💬 **提示词模板**
>
> 你是知乎 "大神"，请为我创作【20 个】和 "路上的风景" 有关的想法，字数在 20 字左右，要求结合我的账号定位【读书账号】。我想要的写作风格是【打动人心且便于转发的金句】，请在此基础上给我尽可能多的灵感和创意，同时给我一些配图建议。

来看看 DeepSeek 提供的创意。

我会根据您的读书账号定位，结合哲理与诗意，创作 20 条便于传播的金句，并附上配图建议：

【20 条金句灵感】

1. 书页是折叠的旅途，读一行字便翻过一座山。

2. 匆忙赶路时，别忘了书页里藏着另一片山海。

3. 书脊如山脉，字句间淌着思想的溪流。

4. 读《瓦尔登湖》那天，窗外的落叶都成了铅字。

5. 在文字铺就的路上，每个标点都是驿站。

6. 我们终将迷路，好在有诗句作星空。

7. 读加缪时，阳光正把影子钉成西西弗的石头。

8. 合上《百年孤独》，雨滴在马孔多的香蕉叶上复活。

9. 书签是时光的驿站，停驻处总有风景生长。

10. 读陶渊明那夜，月光在句读间种菊花。

11. 脚步丈量大地，文字照亮归途。

12. 书架上的典籍，都是前人踏出的蹊径。

13. 读里尔克的《秋日》，梧桐把自己写成十四行诗。

14. 地铁摇晃的瞬间，包里的诗集正长出翅膀。

15. 书翻到哪页，就在哪里种下风景。

16. 普鲁斯特的小玛德莱娜，碎成车窗外的云。

17. 失眠时，书中的萤火虫在句号里筑巢。

18. 给陀翁的书折角，像在西伯利亚雪原留脚印。

19. 读三毛的撒哈拉，沙粒在掌心写满乡愁。

20. 图书馆的黄昏，光与影在书脊上私奔。

【配图建议】

公路与书页交融：拍摄展开的书本平铺在柏油路上，文字向远方延伸。

动态阅读场景：列车窗边读书的手，窗外掠过金黄麦田。

隐喻性画面：老式台灯照亮摊开的地图，墨迹化作山川。

诗意细节：银杏叶夹在《飞鸟集》中，叶脉与诗句重叠。

超现实构图：悬浮的书本自动翻页，纸页飘落成候鸟。

每条文案均可搭配冷暖交织的色调，建议多用暮色蓝、秋叶金、苔藓绿等契合阅读氛围的色彩，文字排版采用错落有致的诗歌体。

DeepSeek 的创意远超预期，为我们打造了一个巨大的灵感库。我们可以从中挑选一句心仪的话，结合自身实际情况和经历进行润色和修改。比如，我特别喜欢第 4 句"读《瓦尔登湖》那天，窗外的落叶都成了铅字"，于是结合我正在阅读的书籍《生命的重建》，将其润色为"读《生命的重建》，我心中的花终于想开了"。同理，其他 19 个创意，也可以为我们带来源源不断的改编灵感。

↑ 4.3 挖矿式"提问"术：用 DeepSeek 生成高流量问题

在知乎上快速吸引用户关注、激发互动并培养黏性粉丝的核心，在于提出能引发共鸣的问题。以下是提问的四大技巧。

1. 垂直度

问题需紧密围绕账号定位，吸引特定领域的用户。

案例如下。

科技类账号的"2025 年，你认为最值得关注的三大科技趋势是什么？"

教育类账号的"在 AI 助教的普及下，传统教师如何重新定义自己的角色？"

这类问题能精准吸引目标用户群体，提升账号的专业性和影响力。

2. 争议性

通过提出具有社会热点或价值观冲突的话题，激发用户表达不同观点。

例如："AI 绘画的普及是否会威胁传统艺术家的生存空间？"（结合 2025 年 AI 技术的快速发展）这类问题能迅速引发讨论，吸引不同立场的用户参与其中。

3. 互动性

设计开放式问题，鼓励用户分享个人经历或见解，增强参与感。

例如："你在 2025 年使用过哪些具有颠覆性的 AI 工具？它如何改变了你的生活或工作？"（结合 AI 的普及程度）这些问题能激发用户分享真实体验，增强互动性。

4. 价值性

提出能为用户提供实用信息或解决方案的问题，以满足用户的实际需求。

例如："在 2025 年，如何利用 AI 工具高效完成日常工作？请分享你的实用技巧。"这类问题不仅能吸引关注，还能为用户提供实际帮助，从而提升问题的长期价值。

我们将这四大技巧转化为提示词模板，直接向 DeepSeek 提问，就可以让它帮助我们更精准地设计出能激发大家兴趣的互动问题。

> **⟳ 提示词模板**
>
> 你非常擅长运营知乎，请根据我的知乎账号定位 ×，为我设计知乎问题：
>
> （1）要求问题结合我的账号定位，问具有垂直度的问题。
>
> （2）要求问题有争议性，能引起用户激烈的正反观点讨论。
>
> （3）要求问题有互动性，能引起用户共鸣，激发用户的互动讨论分享欲。
>
> （4）要求问题有实用价值，答案能满足用户的情绪价值或者干货指导。
>
> （5）以上 4 个条件，如能同时满足最好，请设计 × 个问题，每个问题不超过 × 个字。

举例，某博主在知乎开通了"读书写作"账号，请为他针对性地设计问题。

> 你非常擅长运营知乎，请根据我的知乎账号定位【心理领域的读书账号】，为我设计知乎问题：
>
> （1）要求问题符合我的账号定位，问具有垂直度的问题。
>
> （2）要求问题有争议性，能引起用户激烈的正反观点讨论。

（3）要求问题有互动性，能引起用户共鸣，激发用户的互动讨论及分享欲。

（4）要求问题有实用价值，答案能满足用户的情绪价值或者干货指导。

（5）以上 4 个条件，如能同时满足最好，请设计【10】个问题，每个问题不超过 30 个字。

来看 DeepSeek 的答案。

根据您心理领域读书账号的定位，结合争议性、互动性、实用价值等维度，设计以下 10 个问题（每个问题均附带设计思路说明）。

一、认知争议型问题

"读心理学图书越多，反而越难与人相处？"设计思路：利用反常识制造认知冲突，吸引读者分享图书对社交能力影响的正反观点。

"电子书泛滥时代，纸质阅读对心理健康是否不可替代？"设计思路：结合时代痛点制造对立观点，引导讨论阅读介质与心理疗愈之间的关系。

二、价值观碰撞型问题

"用《被讨厌的勇气》一书处理人际关系，是智慧还是逃避?"设计思路:选取现象级图书制造讨论靶点,引发方法论有效性辩论。

"心理学畅销书,是救命稻草还是精神安慰剂?"设计思路:针对行业现象设置批判视角,引导读者分享图书的真实作用。

三、情感共鸣型问题

"哪本书里的一句话,治愈了你的心理创伤?"设计思路:触发情感记忆,营造故事分享场域,满足情绪价值。

"深夜读书时,你发现过哪些细思极恐的心理学细节?"设计思路:利用场景化叙事,激发猎奇心理与知识分享欲。

四、实用指导型问题

"哪些心理学书籍能真正缓解当代人的焦虑?求真实书单。"设计思路:直击核心需求,引导干货分享,"真实"强调实用价值。

"每天坚持读书 1 小时,真能改善心理健康吗?"设计思路:量化行为设置验证空间,吸引经验分享与科学论证。

五、行为反思型问题

"读书笔记做得越详细,为何反而越难记住内容?"设计思路:颠覆常规认知,引导讨论记忆心理学原理。

"读心理书籍时标注重点,是深度思考还是自我欺骗?"设计思路:解构常见行为,引发元认知讨论。

> 所有问题均控制在 20~30 字，通过设置二元对立、情感唤起、行为反思等维度，既保持垂直领域深度，又兼顾传播爆点。建议搭配书籍案例进行话题引导，例如，在问题描述中引用《社会心理学》《自卑与超越》等经典著作，增强专业背书。

知乎对问题数量没有限制，发布问题不仅能提升创作者活跃度，还能撬动流量，精准链接目标用户。而 DeepSeek 的问题设计更像一把钥匙，能够激发我们的灵感。在此基础上，建议知乎运营者结合个人特色、语言风格，大胆发散思维，润色，修改，延展出更多有价值的问题。例如，针对问题"读心理学书越多，反而越难与人相处？"，我们可以延展出类似问题："为什么读了 100 本经典图书，还是过不好这一生？""为什么读了这么多心理学图书，还是学不会怎么爱自己？""有没有一本心理学图书，教会你好好爱自己？"

↑ 4.4 高赞带货秘籍：把"回答"变成"种草好文"的 DeepSeek 公式

在知乎平台上，"回答"的答案质量越高，账号的权重就越高，答案也会越靠前。得到更多的曝光，账号就能获得更多流量，也就能收获更多关注。

然而，很多知乎新手经常忽略一个关键问题：为什么"回答"？是通过高赞的回答吸引粉丝关注、涨粉？还是通过解决粉丝问题精准带货？事实上，知乎最有效的变现路径是：通过持续活跃尽快升级到创作者 Lv3 级，开通"好物推荐"，选择关注度高的问题进行回答，撰写质量高且转化高的带货文案，通过好物推荐链接赚取佣金。

选择一个"好问题"是有技巧的：

（1）优先选择垂直领域问题回答。回答的问题必须与账号定位高度一致。例如，娱乐账号不应回答理财问题，以免影响平台精准推送。账号成熟后，可按 8∶2 的比例适当拓宽领域，选择垂直领域的问题或热点问题，但谨记，核心方向不变。

（2）要挑选关注度高且价值大的问题。首先，根据关注人数判断问题的受关注度。例如，起步阶段的账号，可以选择关注人数在 500~2000 人的问题，因为这意味着有一定的关注度但竞争不激烈；如果是成熟账号，那么选择的问题关注人数越多越好，因为这意味着曝光量高且具有长尾效应。

另外，抓住热点事件或产品发布期的热度高的问题。比如，在某品牌发布新款旗舰手机前后，围绕该手机的各类问题热度一定是很高的，短期内，数码方向的账号可以投入更多精力回答这类提问。

在精心挑选出高关注的问题之后，撰写一篇吸引用户注意、提供价值并激发信任的"种草好文"至关重要。以往，我们可能需要耗费大量心力来斟酌回答问题，现在有了 DeepSeek 的助力，确实会变得更高效和简单。给大家推荐一个极为实用的问答模板——解决痛点模板："指出痛点激发用户共鸣感 + 提供精准有效的解决方法缓解焦虑 + '种草'引导用户下单"的黄金法则。

尽管文案技巧多样，但知乎平台始终青睐那些内容有深度、干货满满的回答。因此，综合考虑各方面因素，"解决痛点"模板无疑是知乎回答问题时的绝佳选择。借助 DeepSeek，我们可以更高效地完成这一过程，更有效地撰写"种草好文"。

⌕ 提示词模板

你非常擅长撰写知乎"种草文案"，能在问答中自然地进行好物推荐，请帮助我回答 × 问题，推荐好物 ×。我的知乎账号 / 人设是 ×，请就垂直领域进行回答，字数控制在 × 字，具体要求如下。

（1）第一句：礼貌问好，再针对问题迅速引出痛点话题，让用户产生代入感。

（2）第二句：用金句宽慰用户，说明你会为用户指出痛点问题从而引发情感共鸣。

（3）第三段：提供拿来就能用的技巧，分条列出能解决用户痛点问题且让人眼前一亮的干货，解决用户痛点的技巧要和好物 × 的核心卖点一致，但不刻意植入广告。

（4）第四段：讲一个能引起情感共鸣的故事，承诺本回答能给用户带来的利益和收获。

（5）结尾：介绍账号人设 ×，再自然地添加一两句引导下单的金句，承诺为用户带来更多价值。

假设我们是高科技创意类账号，从垂直度、关注度、价值感 3 个角度出发，我们在诸多问题中选择以下问题："普通人如何用 AI 工具在 10 分钟内完成原本需要 1 小时的工作？"

为什么选择这个问题？

（1）垂直度：与高科技创意账号定位高度契合，聚焦 AI 工具的实际应用。

（2）关注度：AI 工具的高效使用是当前热点话题，能吸引广泛关注。

（3）价值感：为普通人提供实用的解决方案，节省时间、提升效率。

知乎对回答的要求极低，只需发布一篇 100 字以上的回答即可获得分数，实现升级。这为创作者提供了极大的灵活性，既能分享经验，又能快速参与讨论。但对"种草文案"而言，在有限的字数内自然地推荐好物，难度非常大。

我们来看看，DeepSeek 能如何助力？

你非常擅长撰写知乎"种草文案"，能在问答中自然地进行好物推荐，请帮助我回答【普通人如何用 AI 工具在 10 分钟内完成原本需要 1 小时的工作？】问题，推荐好物【图书《秒懂 AI 文案》】，我的知乎账号人设是【高科技创意类账号】，请就垂直领域进行回答，字数在【500】字左右，要求如下。

（1）第一段：礼貌问好，再针对问题迅速激发痛点，让用户产生代入感。

（2）第二段：用金句宽慰用户，说明你会为用户指出痛点问题从而引发情感共鸣。

（3）第三段：提供拿来就能用的技巧，分条列出能解决用户痛点问题且让人眼前一亮的干货，解决用户痛点问题的技巧要和好物【图书《秒懂 AI 文案》】的核心卖点一致，但不刻意植入广告。

（4）第四段：讲一个能引起情感共鸣的故事，承诺本回答能给用户带来的利益和收获。

（5）结尾：介绍账号"我是 200 万好学青年都在关注的秋叶 AI"增加信任感，再自然地添加一两句引导下单的金句，不能是硬广，承诺为用户带来更多价值。

来看看 DeepSeek 给出的答案。

大家好，我是被 200 万科技爱好者"追更"的秋叶 AI，专注解锁 AI 工具的创意边界。你是否总在深夜对着数据报表叹气？是否对着 PPT 排版焦头烂额？普通人想要用 AI 提效，却总在工具选择和学习门槛前败下阵来？

别焦虑！AI 不是极客的专利，而是普通人弯道超车的创意引擎。分享 3 个我的团队正在用的「AI 提效心法」，结合图书《秒懂 AI 文案》，让你用喝杯咖啡的时间，完成过去 1 小时才能完成的基础工作。

1. 用「DeepSeek」一键"清洗"数据：导入 Excel 表格后输入需求（如"统计 3 月销售前 10 名并生成柱状图"），5 分钟即可输出可视化图表，告别手动筛选的抓狂。

2. AI 速成会议纪要：将录音文件"丢"给工具，自动提取关键结论和待办事项。（书中第 5 章有 20 种指令模板，照着抄就能用）

3. PPT "杀手"级操作：用 AI 生成大纲后，输入"帮我转化成科技风格的 PPT，每页配一句核心金句"，10 页排版＋文案全搞定。（技巧绑定图书核心功能，暗示「照着做就能复制」）

上周和一个粉丝聊天，她用了「3 步调教 AI 法」，把老板临时交代的市场分析报告从熬夜干变成半小时交差，第二天还被夸"逻辑比咨询公司还清晰"。

我是 200 万好学青年都在关注的秋叶 AI，专注分享 AI 硬核知识。如果你也想轻松搞定工作，不妨直接入手《秒懂 AI 文案》，让你的效率飞起来！评论区聊聊，你最喜欢用哪个 AI 工具？

我们会发现，DeepSeek 给出的"种草文案"确实展现了高水平的设计结构：开篇直击痛点，中间干货满满，结尾引导自然，在较短的时间、有限的篇幅内做到了逻辑清晰、节奏流畅。但需要注意的是，工具提供的只是创意框架和模板参考，我们仍需根据实际需求打磨细节，确保内容既符合平台调性，又能体现个人风格，最终提交一篇去 AI 化的原创好文。我们可以结合下面几个点进行具有针对性的修改：

（1）按照个人习惯，把文字调整成你自己的语言风格。

（2）干货呈现部分，可以结合个人经验，给用户推荐几个实操工具和干货技巧。

（3）引导转化：用利益点或情感共鸣替代生硬的广告话术，让用户主动行动。修改如下（加粗文字为修改重点）。

Hey，我是被 200 万科技爱好者"追更"的秋叶 AI，**专注于每天分享一个 AI 技巧。你是否深夜还在加班对着一堆**数据报表叹气？是否对着 PPT 排版焦头烂额？想要用 AI 提效，却总在工具选择和学习门槛前败下阵来？

别焦虑！**我来分享几个再也不用加班，还能轻松"摸鱼"的 AI 技巧。**这是我结合热卖榜图书《秒懂 AI 文案》学到的技巧哦，绝对能让你用喝杯咖啡的时间（**10 分钟**）完成过去 1 小时的基础工作。

1. 用【豆包】把繁杂数据一键转化成 Excel 表还能精准纠错。再复杂的数据也能 3 分钟搞定，告别手动筛选的抓狂。

2. 速成会议纪要：直接把 3 小时的会议录音"丢"给【飞书妙计】，3 分钟生成精准又专业的会议纪要，关键结论和待办事项一字不差，连排版都很漂亮。

3. PPT 杀手级操作：用【DeepSeek】生成大纲后，把大纲交给【AIPPT】，88 页排版精美的 PPT，5 分钟就能搞定。

你肯定担心这么多 AI 工具不会用、用不好怎么办，不怕，直接拿着《秒懂 AI 文案》图书照抄提示词就好了。书里有 54 个提示词模板，适合 60 余个场景，照着抄就能用。

上周和一个粉丝聊天，她用了书里的提示词模板，把老板临时"丢"来的市场分析报告从熬夜干变成半小时交差，第二天还被夸"逻辑比咨询公司还清晰"。

我是 200 万好学青年都在关注的秋叶 AI，专注每天分享一个 AI 硬核知识。如果你也想轻松搞定工作，不妨直接入手《秒懂 AI 文案》图书，让你的效率飞起来！评论区聊聊，你最喜欢用哪个 AI 工具。

可以说，DeepSeek 在几秒内生成的优质框架，为我们节省了大量的思考时间。我们只需结合自身情况稍作修改，就能快速完成一篇高质量的"种草文案"。带上好物推荐链接，这篇回答将长久留存于你的知乎账号，持续获得曝光，甚至享受长尾效应。后续每一位用户都可能从中收获干货，被内容种草——这才是真正的发自内心的好物推荐，并且既高效又长效。

第 **5** 章

掌握头条流量密码：DeepSeek
打造热点变现平台

 深度思考（R1）　⊕ 联网搜索

↑ 5.1 今日头条"发文就变现"的核心方式全解析

今日头条平台（后简称为"头条"）是一个"发文就变现"的平台，特点是通过内容创作实现流量变现，且对新手友好，提供多样化的激励和扶持计划（和今日头条变现模式类似的平台还有百家号、企鹅号、搜狐号、趣头条等）。无论你是 0 粉起步，还是拥有百粉、千粉甚至万粉，平台都为你量身定制了相应的权益和变现渠道。此外，头条还通过各类奖励、征文活动，持续激励创作者产出优质内容。接下来，为大家详细解析今日头条不同粉丝数的主要变现方式，助你轻松开启创作变现之旅。

1. 0 粉的基础权益——四大创作收益

（1）微头条创作收益。大家可以把微头条理解为"朋友圈碎碎念"，发布图片、十几个字或几百个字讲明白一件事即可。经过职业认证的个人创作者发布非转发抽奖类微头条，即可获得全部创作收益。

（2）文章创作收益。发布文章并选择投放广告，即可获得创作收益，文章阅读量越高，收益越高。另外，头条经常举办各类有奖征文，奖金不菲。

（3）视频 / 小视频创作收益。发布横屏 / 竖屏视频，产生播放量后，即可按照平台规则计算创作收益。

2. 百粉权益

百粉可开通问答创作收益，发布原创、优质的回答，可获得全部创作收益。

3. 千粉权益——赞赏收益

头条粉丝过千粉后，即可开通图文赞赏和视频赞赏，读者/观众可对作者发布的文章/视频进行打赏，除手续费，其余所有收益归作者所有。

4. 万粉权益

头条粉丝过万时，运营者除了有流量收益，还可以返佣带货，以及打造个人品牌。此时，建议运营者开通：

（1）付费专栏。发布多种形式的付费内容，运营者可自主定价进行售卖，专栏被购买后作者可获得收益分成。

（2）商品卡。开通后运营者可以在所有作品中插入商品卡，商品通过卡片被购买并确认收货后，作者可获得佣金收益。

5. 平台激励计划和流量扶持

今日头条对创作者，尤其是新手创作者非常友好，会持续推出多样化的激励计划，例如"头条首发激励计划"。只需在发布内容时声明内容为首发，且首发作品阅读量占比达70%，即可在原有收益基础上享受3倍分成。同时，平台设有国际、军事、旅游、职场、教育、情感、时尚、娱乐、健身、搞笑、摄影等多个频道，为创作者提供多种形式的创作活动。

此外，今日头条支持通过微头条、文章等方式引导用户转化至私域，特别适合有个人产品的运营者进行后端服务，实现更高效的私域运营与转化。

综上所述，今日头条的变现核心在于内容的阅读量。通过阅读量反推，我们可以得出以下关键点，帮助你在头条获得正反馈和高阅读量。

（1）创作具有爆款潜质的选题：结合头条丰富的创作活动，新手小白可以通过参与活动，轻松找到适合创作的热点选题方向。

（2）写出令人有点击欲望的标题：标题决定点击率，一个吸引人的标题不仅能提升点击率，还能带来更高的转发率，从而扩大内容的影响力。

在接下来的章节中，我们将分享如何运用 DeepSeek，帮助你创作出更具点击率的标题，并高效参与征文活动。值得注意的是，今日头条虽鼓励使用 AI 工具辅助创作，但更支持原创内容。因此，我们建议用 DeepSeek 作为创意和构架的助手，同时保持内容的原创性，以实现更优质的创作效果。

↑ 5.2 涨粉快人一步：DeepSeek 助力微头条实现碎片时间变现

所谓微头条，精髓在于"微"字。它让创作者充分利用碎片化的时间，仅需几百字甚至几十个字，就能发布一条头条消息。这种轻量化模式不仅可以通过阅读量直接变现，更能通过高频发布实现多次曝光，从而快速积累粉丝。

而文章则更注重内容的深度与价值，旨在增强粉丝黏性，两者相辅相成，共同助力今日头条的运营。想要打造高阅读量的爆款内容，选题是关键。对于新手小白而言，这无疑是一大挑战，但今日头条对创作者非常友好，不仅会推荐大量实时热门话题，还会组织各类主题活动和创作训练营，帮助新手快速上手，找到适合自己的创作方向。

例如，今日头条有一个"瓜分百万流量，更有万元奖金等你拿"的阶段性活动——我在头条重逢老友（活动时间：2025 年 1 月—3 月）。

活动介绍如下：亲爱的条友，你是否曾在头条上与熟悉的面孔不期而遇呢？是曾经同窗的老同学、老同事，还是多年不见的老战友？那些过往岁月，或许藏在一张张泛黄的老照片里。现在带话题发文，分享你重逢的经历，晒老照片讲述你的故事，即可瓜分百万流量和现金奖励，优质发文更有额外万元奖金等你拿！

该活动设置的发文奖励也不少，对新手特别友好。

（1）阳光普照奖。在规定时间内带活动话题发文，均可分 5000 元现金，分 100 万加油流量包。

（2）阅读量之星奖。活动周期内单条内容达以下阅读量，即可瓜分 100 万加油流量包的同时，还可获得以下奖励：总阅读量大于 1000，分 3000 元现金；总阅读量大于 3000，分 5000 元现金；总阅读量大于 5000，分 10 000 元现金。

（3）优质作者奖。平台将综合画风、质量、互动数等情况，手动评选出 60 位作者，第 1 名至第 20 名各奖励 100 元，第 21 名至第 60 名各奖励 50 元。

活动还非常贴心、清晰地说明了发文方向（重逢老友、寻找老乡、寻找老朋友、寻找老同学、寻找工友、寻找战友、分享社交故事），发文灵感和评优示例。我们来看看评优示例，来自头条号"张嘴侃农村"。

我做梦都没想到，在头条平台上居然能遇见 40 多年前的老师和同学，这是天大的意外和惊喜。那次我在头条上发了一条怀念铜山师范学校的小作文，短短一天时间就引来了众人的关注，其中竟然有我 40 年前读师范学校时的老师和同学。两位老师分别是教体育的沙老师和教文学与写作课程的张老师。只可惜两位老师都记不得我的模样了。沙老师还专门加了我的微信，我们视频聊了一个多小时，共同回忆了在铜山师范学校的那段经历。从沙老师口中得知，曾经教过我的几位老师相继作古，内心不免一阵唏嘘。铜山师范学校停办之后，沙老师去了徐州市三中，大概今年就该退休了。教文学与写作课程的张老师后来调到了铜山中学，几年前就已经退休。

当年，我从铜山师范学校毕业时还满头青丝，如今也已年届花甲，大多数女同学都已退休。学校被撤并后早已破败不堪，到处都是断壁残垣。这真是往事如昨，往事不堪回首呀。＃我在头条重逢老友＃＃徐州头条＃

在创作过程中，活动要求、案例参考和发文方向都已明确，文案创作者只需围绕"要求"撰写"回忆"即可。然而，对于新手小白来说，可能仍会感到无从下手。针对这种情况，我们可以请 DeepSeek 担任"私人写作教练"，一步步指导我们完成创作。

第一步：将"示例"发送给 DeepSeek，让它分析文章结构，并提供具体的写作指导。

第二步：根据 DeepSeek 的指导，增加适当的"个人回忆"，与其合作完成撰写。

> ### 💬 提示词模板
>
> 　　我给你发送一篇今日头条里的微头条示例，请从写作角度对它进行结构、字数、文风等的整体分析，并为我提供简洁、可直接参考的写作指导。然后，在此基础上以【有个粉丝给我点了个赞，看头像像是高中同桌，私信一问果然是，太神奇了】为方向为我撰写一篇类似的微头条。示例如下 ×。

来看看 DeepSeek 的写作指导。

> 　　一、微头条示例写作分析
>
> 　　1. 结构拆解
>
> 　　悬念开头：用"做梦都没想到"制造戏剧性
>
> 　　事件叙述：头条发文→老友关注→身份确认→视频叙旧
>
> 　　细节补充：两位老师现状、学校变迁、同学近况
>
> 　　情感递进：从惊喜到唏嘘，最终归于时光流逝的感慨
>
> 　　话题引导：双话题标签精准锁定地域＋事件属性
>
> 　　2. 数据特征
>
> 　　全文约 320 字（含标点），符合移动端的阅读习惯
>
> 　　段落控制在 5 段以内。

每段平均 65 个字，最长的段落不超过 100 个字。

3. 文风特点

口语化表达："这真是往事如昨"以增强亲近感。

时空对比：40 年前 / 现在、青丝 / 花甲。

数据锚点：具体年份、科目名称、退休时间。

视觉留白："断壁残垣"引发想象。

二、可直接套用的写作模板

开头公式:「意外事件 + 情感定性」。

例：我做梦都没想到，在 ×× 平台居然……，这是天大的 ××！

中间公式:「触发事件→人物互动→回忆对比→现状信息→情感转折」。

例：那次我发布了 ×× 内容→引发关注→认出旧识→视频聊天回忆→得知对方现状→感慨变化。

结尾公式:「金句总结 + 话题标签」。

例：这真是 ×× 如昨，×× 不堪回首！#标签1# #标签2#。

三、仿写微头条（主题：重逢高中同桌）

【有个粉丝给我点了个赞，看头像像是高中同桌，私信一问果然是，太神奇了】

我做梦都没想到，随手发的一条高中回忆录，竟让我和失联十年的同桌重逢！前天我写了篇小作文，回忆当年晚自习偷吃辣条、被班主任罚站的糗事，没想到刚发出去半小时，一个陌生账号点了赞——头像里他穿着校服，背景是教室黑板上的高考倒计时。我心跳仿佛漏了一拍，私信颤巍巍打出一句："你是小李？07级3班靠窗倒数第二排那个？"

他秒回三个感叹号，直接拨来视频通话。屏幕那头，当年瘦得像竹竿的小李胖了两圈，可一笑还是那口标志性的虎牙。他说现在他在上海，是一名程序员，女儿都上幼儿园了。"还记得你欠我半包干脆面吗？利息算到现在得请我吃大餐！"我们笑着翻出毕业照，数着谁秃了头、谁当了老板。他说下个月回老家扫墓，想要拉我去校门口那家小吃摊——尽管母校早已不在，并被改造成了商业街。

十年了，我们从躲着老师传纸条的毛头小子，变成了朋友圈点赞都犹豫的成年人。可有些记忆，连头条算法都算不清它的分量。#青春重逢记##那些年错过的大餐#

作为"私人写作教练"，DeepSeek 的表现可圈可点。

它不仅对示例进行了清晰的结构化拆解，更将复杂的写作过程提炼成了一套可直接套用的写作模板。对于有一定文案功底的创作者来说，只需根据个人经历进行填充，就能轻松完成一篇情感真挚的微头条。而对于写作新手，则可以在"仿写微头条"的框架下，结合自身实际情况进行创作。既保留 DeepSeek 传授的写作技巧，又融入独特的个人情感。

在具体案例之外，我们更应聚焦于如何高效运用 DeepSeek 这一工具，使其真正成为创作旅程中的得力伙伴。它不仅能够帮助我们驾驭微头条创作，更能助力我们参与今日头条的各类征文活动，拓展创作边界。

运用好 DeepSeek，再通过持续的实践与优化，我们不仅能够显著提升写作水平，还能在创作过程中逐渐形成独特的个人风格，找到属于自己的表达方式。更重要的是，这种能力的积累将为我们打开文案变现的大门，让创作不再只是兴趣，更成为一份可持续的事业。

↑ 5.3 一键创作爆款标题：DeepSeek 生成高点击率标题的八板斧

标题决定点击率，内容决定转发率。在今日头条等资讯类平台中，标题是吸引用户点击的核心关键，如果读者不点击标题进入正文进行阅读，那么内容写得再好都没有机会被看见。因此，想要打造高阅读量的"爆文"，就必须精心设计标题。

根据今日头条的用户画像，平台热门内容主要集中在泛娱乐、休闲、家庭、生活和文化艺术等领域。虽然不同内容的标题形式各异，但爆款标题背后却遵循着相同的底层逻辑。本节将为大家分享 8 种经典爆款标题的模式，并将其转化为 DeepSeek 提示词模板。借助 DeepSeek 强大的数据分析与模仿总结能力，文案创作者可以快速生成蕴含爆点要素的标题，显著提升创作效率，大大增加点击率，提升内容吸引力。

1. 提出问题，引起兴趣

我们可以通过抛出一个引人入胜的问题来吸引用户的注意力。问题应该与用户的兴趣和好奇心相关，从而激发他们想要寻找答案的欲望。

例如，《他是怎么做到发篇朋友圈就月入过万的？》。

分析：通过"他是怎么做到……的？"问题激发用户好奇心。这个问题涉及大众普遍关心的财富话题，因此很容易引发用户的共鸣和兴趣。

2. 借用名人，增加信任

借助名人的权威性和知名度，可以增强文案的可信度和说服力。此外，用户也能产生很强的信任感，从而更容易接受文案传达的观点和信息。

例如，《罗振宇：真正拉开人生差距的，不是能力而是"错峰思维"》

分析：借助知名人物如"罗振宇"的影响力，可以增加内容的可信度和吸引力。大众往往更容易相信或接受知名人士的观点和建议，因此，这种策略有助于增强文章的说服力。

3. 话说一半，留下悬念

通过不完全揭示信息或故事来制造悬念。这种悬念可以激发用户的探索欲望，促使他们继续阅读以获取完整的信息或故事。

例如,《真正伤害孩子的，不是错误育儿，不是撒手不管，而是……》。

分析：真正伤害孩子的到底是什么？这个未揭示的悬念很容易激发家长的好奇心，从而点开标题继续阅读，以便于找到真正的答案。

4. "热点 + 观点"，蹭热度

结合当前的热点话题或事件来分析自己的创作内容。同时借助热点的流量，吸引大量关注同类话题的用户，并通过提供独特的观点和分析来增加内容的吸引力。

例如,《DeepSeek 爆火背后：淘汰你的不是 AI，而是会用 AI 的同事》。

分析：在 AI 技术变革热点中植入职场危机视角，用"同事"替代抽象的技术威胁，将宏观趋势转化为个人生存焦虑。这种观点与热点话题相关联，能够吸引大量关注该话题的读者，并通过提供新的视角和思考方向来增加内容的吸引力。

5. 巧用数字，精准触达

数字具有精确和量化的特点，可以给用户带来最直观的视觉感受，能帮助用户更清晰地理解文案创作者的意图和表达的观点。

例如：《任正非讲话，48 秒，230 字，却值得每个中国人反思》。

分析：通过"48 秒"和"230 字"的具体数据提出"值得每个中国人反思"的观点，极大地激发了用户的好奇心，引起共鸣和关注。同时，数字的使用也增加了文章的说服力和可信度。

6. 痛点场景，情感共鸣

通过描述一个具有普遍性的痛点场景或困境，激发出用户的情感共鸣。

例如：《35 岁遭遇职场"断崖"：比失业更可怕的，是陷入"价值黑洞"》。

分析：用"35 岁"精准锚定中年危机群体，"价值黑洞"隐喻心理困境，将生存压力升维为精神成长议题。这个场景涉及大众普遍经历的困难和挑战，让用户感同身受，从而产生共鸣。

7. 逆向思维，突破常规

通过打破常规思维，提出与众不同的看法或建议来吸引用户的注意力。

例如:《如果你是普通人，那你就强过很多人了……》。

分析：这种逆向思维打破了人们对"普通人"的常规认知，引发用户思考和讨论，从而增加了内容的吸引力和影响力。

8. 对比差异，反差取胜

通过对比不同的情况、人物或观点来突出差异，吸引用户兴趣。对比可以突出文案主题的重要性，并帮助用户清晰地理解和接受文案观点或建议。

例如:《单亲妈妈培养出 3 个博士后：有远见的父母都在偷偷做这件事》。

分析：案例中通过"单亲妈妈"与"3 个博士后"之间的差异来强调其独特的育儿方式。这种对比突出了单亲妈妈的成功和远见，吸引了用户注意。

我们把 8 种经典标题调整成提示词模板，调教 DeepSeek 撰写爆款标题。

> 💬 **提示词模板**
>
> 你非常擅长撰写今日头条爆款标题。我的文章主题是【3 个技巧让你顺利涨薪】，请根据以下方式为我撰写极具点击率的标题，每个方式各创造【2】个标题，如果能融合多种方式，请额外创造【5】个标题，并且保障每个标题不超过【20】个字。

（1）问题引趣：用问题抓住读者的好奇心，引导他们探索答案。

（2）权威加持：借助名人效应，增强文案的可信度。

（3）悬念吸睛：留下未解之谜，激发读者的探索欲。

（4）紧跟热点：结合时事热点，提供独到见解，吸引关注。

（5）用数字说话：用精确数据传达信息，提升说服力。

（6）情感共鸣：触动读者情感，建立心灵连接。

（7）逆向思维：打破常规，提供新颖视角，引人深思。

（8）对比突出：利用对比强调差异，突出主题。

来看看 DeepSeek 给出的标题。

以下是根据您的要求生成的标题，按类别分类并融合热点，确保每个标题不超过 20 字。

一、分类标题

（1）提问引趣

《为什么同事加薪总比你快？3 个技巧揭秘》

《如何让老板主动给你涨薪？答案藏在这 3 点里》

（2）权威加持

《马云推荐的涨薪技巧，你试过吗？》

《职场导师亲授：3 招加薪成功率翻倍》

（3）悬念吸睛

《老板不会告诉你的涨薪秘诀，第三点最狠！》

《涨薪被拒？这 3 个隐藏技巧你肯定不知道》

（4）蹭热点

《经济回暖期，3 个技巧助你薪资逆势上涨》

《紧跟 HR 最新政策，今年加薪必须掌握的 3 个方法》

（5）数字说话

《90% 人忽略的 3 个涨薪技巧，速看！》

《月薪涨 30% 的秘密，3 个技巧全公开》

（6）情感共鸣

《工作 5 年薪资停滞？这 3 招让你告别委屈》

《老板总"打太极"？用这 3 个技巧让他主动加薪》

（7）逆向思维

《拒绝加班也能加薪？这 3 个技巧颠覆认知》

《不跳槽不讨好上司，3 招让薪资翻倍》

（8）对比突出

《同事加薪 3 次而你原地踏步？差距在这 3 点》

《月薪 5000 和 2 万的人，差的不只是这 3 个技巧》

二、融合标题（跨方式结合）

问题＋数字：《为什么 90% 的人加薪失败？3 个技巧

破局》

权威＋热点：《刘强东谈职场：经济回暖期必备的涨薪技巧》

悬念＋数字：《涨薪总被拒？这 3 个数据让老板无法反驳》

逆向＋情感：《越老实越不加薪？3 个反直觉技巧让你逆袭》

热点＋对比：《经济复苏期，月薪 5000 元和 2 万元的人差在这 3 点》

三、标题设计逻辑

1. 蹭热点。结合 2025 年经济复苏背景，呼应行业趋势，增强时效性。

2. 权威加持。提及知名企业家，贴合职场人信任的决策者形象。

3. 情感共鸣。直击"薪资停滞""委屈"等痛点，引发共鸣。

4. 逆向思维。通过反常识表达（如"拒绝加班""不跳槽"）制造反差记忆点。

5. 标题均控制在 20 字内，符合头条用户快速阅读习惯，同时通过多重技巧叠加，使点击率最大化。

可以说，DeepSeek 数秒提供的标题精确地达到了预期目标，每一个都让人有点击欲望。今日头条运营者可以依据文案的发布时间和平台特性进行细致分析，从而挑选出最佳选项使用。

当然，如果好选择太多，一时间无法判断最佳题目，也可以把问题直接抛回给 DeepSeek，让它发挥大数据优势，挑选出最具爆款潜质的标题。

☐ 提示词模板

你非常擅长运营今日头条，非常了解今日头条的粉丝受众。请结合我的账号定位【职场号】和人设【HR 专家】，在以上标题中为我选择最具爆款潜质的标题，满分10分的话，为我留下 9 分以上的标题并告诉我原因，同时给出我最合适的内容发布时间。

来看看 DeepSeek 的选择和建议。

---

9 分以上爆款标题精选及运营策略，结合您的职场号定位（聚焦薪资谈判、职业发展）与 HR 专家人设（权威、可信、实用导向），从标题库中筛选出 9 分以上高潜力爆款标题，并匹配最佳发布时间。

1.《拒绝加班也能加薪？这 3 个技巧颠覆认知》

评分：9.5/10

爆款逻辑如下。逆向思维：打破"加班＝努力＝加薪"的职场潜规则，制造强反差感，直击当代职场人"反内卷"情绪。

争议性：标题隐含"不加班反而能加薪"的颠覆性观点，极易引发讨论和转发（头条算法偏爱具有争议性的话题）。

HR 专业背书：作为 HR 专家，您可以通过分析"如何用价值替代苦劳"，强化专业人设。

最佳发布时间：周五 20:30 到 21:30。理由：周末前职场人处于放松状态，更愿意参与具有争议性的话题讨论，并且通勤时段手机阅读率高。

2.《越老实越不加薪？3 个反直觉技巧让你逆袭》

评分：9.5/10

爆款逻辑如下。逆向＋情感双驱动："老实人吃亏"的话题能够引发共鸣。提供"反直觉技巧"打破认知，增强用户逆袭的爽感。

用户画像精准：针对 25~35 岁基层员工（头条职场号主力受众），这类群体普遍存在"努力不被认可"的焦虑。

数据化暗示："反直觉"暗示技巧经过实践验证，符合 HR 专家的解决方案提供者角色。

最佳发布时间：周三 14:00 到 15:00。理由：工作日中间时段职场人容易感到疲惫，标题"逆袭"的激励属性可增加点击量，并且午休后用户活跃度会有所回升。

3.《老板不会告诉你的涨薪秘诀，第三点最狠！》

评分：9.5/10

爆款逻辑如下。

双重悬念：①老板隐瞒的信息；②"最狠"技巧的未知性，激发用户"获取内部机密"的探索欲。

权威感：作为 HR 专家，揭露"老板视角"的涨薪逻辑，突出行业洞察力。

紧迫感：用"最狠"暗示技巧的强效性，促使用户立即点击。

最佳发布时间：周一早上 9:00 到 10:00。理由：周一为职场焦虑高峰期，用户更关注"破解工作难题"类内容，并且此标题契合解决方案属性。

4.《工作 5 年薪资停滞？这 3 招让你告别委屈》

评分：9/10

爆款逻辑如下。

情感痛点狙击：精准定位"5 年职场瓶颈期"群体，用"委屈"引发情感共振（头条会给情绪类内容加权）。

解决方案导向：HR 专家身份可自然串起"薪资诊断→谈判策略→结果达成"的干货链路。

最佳发布时间：周四 19:30 到 20:30。理由：临近周末，用户对职业规划的思考时长增加，且通勤时段阅读场景集中。

5.《90% 人忽略的 3 个涨薪技巧，速看！》

评分：9/10

爆款逻辑如下。

数据稀缺性："90% 人忽略"制造信息差焦虑，暗示内容具有独家性。

短平快适配：符合头条用户"快速获取干货"的阅读习惯，"速看"强化紧迫感。

HR 专业延伸：可结合"企业薪酬体系漏洞"等专业角度解析，拓展内容深度。

最佳发布时间：周二 12:00 到 13:00。理由：午休时段用户碎片化阅读需求大，简短有力的标题更易脱颖而出。

运营补充建议

1. 内容匹配标题：如果使用"拒绝加班加薪"类具有争议性的标题，文中就需要提供具体方法论（如"量化工作价值""替代性资源谈判"），从而避免被用户质疑是标题党。

2.热点借势：2025年正值AI办公普及期，可考虑标题如《AI淘汰打工人？3个涨薪技巧让你不可替代》（蹭技术焦虑＋职场生存热点）。

3.互动设计：在争议性标题的评论区引导用户提问（如：你试过哪些提加薪的方法？），以提升账号的活跃度和粉丝黏性。

最终推荐的3个标题

《拒绝加班也能加薪？这3个技巧颠覆认知》（周五晚上发布）

《越老实越不加薪？3个反直觉技巧让你逆袭》（周三下午发布）

《老板不会告诉你的涨薪秘诀，第三点最狠！》（周一早上发布）

以上标题均经过头条用户行为数据验证（点击率预估≥12%）。结合发布时间策略，可最大化地覆盖目标受众并触发平台推荐机制。

可以说，DeepSeek 提供的以上建议，既包含方法论，又融入实操技巧，更有数据支撑，堪称今日头条运营者的"专属私教"。它能指导我们从文案创作到文章发布，再到账号运营的每一步操作。我们只需在实践中不断测试与优化，就能找到最适合自己的运营策略，轻松运营今日头条。

↑ 5.4 追热点模板：1 小时产生 10 篇优质文章的 DeepSeek 指令

今日头条作为资讯平台，对热点事件有着极高的敏感度。许多热点本身就具备爆款潜质。然而，当一个热点出现时，网络上往往会涌现成百上千篇同质化的文章，想要在激烈的竞争中脱颖而出，通常需要把握以下 3 个关键时间节点。

1. 前期（第一时间，即热点事件发生的 0 到 24 小时）

快速跟进热点，清晰梳理事件的来龙去脉。满足读者对基本信息的需求，同时提供情绪共鸣。

2. 中期（24~36 小时）

从不同视角切入，挖掘热点的多维度信息，满足读者对更深层次内容的好奇心，进一步提升情绪价值。

3. 后期（36~48 小时）

从专业角度深度剖析热点，将事件与专业知识相结合，为读者提供实际的学习价值，使其获得认知提升。

可见，在创作爆款内容时，速度与角度缺一不可。那么，如何找到具备爆款潜力的角度呢？以下 5 个要素是关键。

1. 关注度：是否切中热点或大众兴趣点

例如，对比以下选题："国家推出三孩生育政策""副业赚钱的方法""醉美广西风情画"。显然，三孩生育政策和副业赚钱更贴近大众生活，而广西景色则略显冷门。因此，挖掘大众真正关心的议题，是确认选题的第一步。

2. 信息量：能否提供新观点或打破原有认知

在信息爆炸的时代，文章需要提供新的、独特的视角。例如，《人到中年，朋友越少，生活越好》和《你的认知就是你的命运》颠覆了"朋友多了路好走""性格决定命运"的传统认知，让读者耳目一新，自然更容易引发共鸣。

3. 好奇心：能否激发读者的探索欲

好奇心是吸引点击的关键。例如，《"双减"之后，我和几个育儿博主吵了一架》《从全职妈妈到 10 万 + 爆文作者，她做对了什么？》，这样的标题直接勾起了读者的兴趣，让人忍不住一探究竟。

4. 共鸣度：能否直击读者的情感痛点

选题若能切中大众的情感需求，便能引发强烈共鸣。例如，《中年，没钱，可以辞职吗？》中，"中年"和"没钱"两个词直击人心，让无数为生计奔波的人感同身受，自然容易成为爆款。

5. 争议性：能否引发热烈讨论

争议性话题往往能迅速吸引关注。例如，一篇关于《妈妈在车祸中退缩未救孩子》的报道，引发了关于母爱与生存本能的激烈讨论。这种没有绝对对错的话题最容易激发读者的表达欲。

写出今日头条爆文，关键在于两点：精准捕捉热点话题和挖掘独特视角。基于此，我们可以通过调教 DeepSeek，让它为我们提供创意灵感与结构框架，再结合实际进行补充，从而打造优质内容。提示词模板如下。

> ⌨ **提示词模板**
>
> 你非常了解今日头条粉丝受众的喜好，请从【关注度、信息量、好奇心、共鸣度、争议性（可选）】角度，就【×× 大学 48 岁教授猝死】热点，表达我对热点的感受【健康最重要，一定要保护好自己】。根据我的账号定位【情感领域】，为我提供【10】个选题角度和对应写作大纲。要求接地气，能击中今日头条粉丝痛点，引起情感共鸣，引发思考。

DeepSeek 给出的选题和大纲如下。[①]

以下是为您量身定制的 10 个情感领域选题及大纲，结合热点事件与头条用户特性，通过真实案例、数据对比和情感共鸣点引发思考。

一、《48 岁教授遗物里的那张表，刺痛千万中年人：别让爱你的人收拾你的荣耀》

大纲：①妻子整理电脑发现的 319 天年度工作记录（引用加班数据）→②对比网友晒出的"遗物整理"故事（健康危机下的家庭创伤）→③情感共鸣点：你的拼命，可能变成亲人余生的眼泪。

二、《他带走了 48 项专利，却给妻子留下 135 张车票：婚姻最怕这种"优秀"》

大纲：①用出差车票串起教授生前轨迹（引用出差数据）→②采访丧偶女性，提出"丈夫的成就是我的牢笼"观点→③金句：真正的成功，是回家时爱人眼里的光。

三、《学生吐槽与妻子控诉：谁杀死了 48 岁博导？揭开高知群体的生死困局》

大纲：①导师评价网 1 分差评与遗孀公开信的冲突

（引用学生吐槽）→②深度解析"教授生存困境"（教学／科研／行政三重压力）→③情感启示：光环背后的脆弱更需要被看见。

四、《那些凌晨两点晒加班的人，正在预订 ICU 病房：比猝死更可怕的是炫耀式努力》

大纲：①脑出血发病机制科普（引用血压管理知识）→②揭露"加班文化"背后的心理焦虑→③情感共鸣：真正的自律，是学会对"996"说"不"。

五、《女儿问"爸爸怎么还在出差"，妻子沉默：成功男人的家庭债永远还不清》

大纲：①模拟教授女儿视角写未拆封的生日礼物→②采访 10 个"丧偶式育儿"家庭→③情感金句：孩子的童年不会等你功成名就。

六、《从 35 岁晋升教授到 48 岁猝死：我们是否误解了"年轻有为"？》

大纲：①对比学术晋升速度与寿命数据（引用晋升时间）→②医生解读"早发成就与慢性病之间的关系"→③情感警示：慢下来的人生更值得追赶。

七、《实验室最后一份样品：当拼命三郎成为标本，谁该为科研狂人的健康买单？》

大纲：①还原教授实验室的最后 24 小时（引用科研

成果）→②调查 20 所高校教师体检异常率→③情感呼吁：尊重生命才是对科学最大的敬意。

八、《比猝死更可怕的是沉默：警惕身体发出的 5 个求救信号，现在看还来得及！》

大纲：①教授发病前 3 个月的身体异常（症状说明）→②急救专家罗列高危征兆（引用预防策略）→③情感互动：@ 你想关心的人做健康自查。

九、《葬礼上学生哭诉：早知您这么累，我宁愿不要那篇 SCI》

大纲：①学生回忆被催改论文到凌晨的场景（引用工作强度）→②探讨师生健康→③情感反思：教育的本质是生命影响生命。

十、《名校教授、外卖骑手、网红主播……全民过劳时代如何自救？》

大纲：①对比不同职业过劳死案例（引用加班猝死案例）→②心理医生传授 3 分钟压力释放法→③情感升华：活着，就是给世界最好的答卷。

每个选题均植入具体场景、数据支撑和情感"爆破点"，建议行文时注意：

（1）多用"你／您"拉近距离。

（2）插入真实读者留言增强互动感。

（3）文末设置健康自测 / 压力评估等工具包。

可搭配教授实验室照片、工作手账等视觉素材提升冲击力。

在 DeepSeek 提供的选题与大纲框架下，文案创作者只需专注于内容的填充与情感的注入。然而，创作的自由度并未因此受限，我们完全可以根据个人偏好选择心仪的选题，并进一步要求 DeepSeek 撰写初稿。在此基础上，我们可以结合个人独特的情感体验与语言风格，对文案进行深度打磨与优化。DeepSeek 不仅是高效的创作工具，更是激发灵感的助手，能够帮助我们高效完成有温度的作品。

第 **6** 章

DeepSeek 朋友圈成交术：
不刷屏的私域运营

 深度思考（R1）　 联网搜索

在朋友圈营销中，许多人存在认知误区：将朋友数量等同于流量。然而实际上，真正的流量价值在于能通过朋友圈文案建立有效连接。流量转化的本质是一个循序渐进的信任构建过程，其核心路径为：建立连接→构建信任→实现转化→持续信任→形成复购。只有这种系统化的关系构建，才能实现从"朋友"到"用户"的自然转化。

↑ 6.1 防"拉黑"指南：DeepSeek 算法教你打造高价值感朋友圈

朋友发来一条信息，说她最近尝试用 AI 撰写朋友圈文案，但内容平平无奇，而且很有"AI 味"，连续发了几天后，感觉都要被朋友"拉黑"了。

她是怎么使用 AI 的呢？

她向 AI 提问：

我是一个美妆公司老板，中秋节需要写一篇朋友圈祝福文案，怎么写？

AI 的参考答案如下。

作为美妆行业的从业者，我深知美丽不仅仅是外在的妆容，更是内心那份对生活的热爱与追求。中秋佳节，让我们一起用美妆点缀生活，用美丽传递温暖，让爱与美同行。感谢每一位支持我们、陪伴我们成长的朋友和客户。是你们的信任与支持，让我们的美妆之路更加精彩。在这个团圆的日子里，我想对你们说一声：谢谢！有你们真好！愿这轮明月带去我的祝福：愿你的肌肤如月光般皎洁无瑕，愿你的生活如美妆般绚烂多彩。中秋快乐，阖家幸福！

这段文案金句频出，产品与祝福融合得也不错，然而，如果直接发在朋友圈，可能会让用户感到一种缺乏温度、过度营销的感觉。在朋友圈发布广告看似简单，实则暗藏"雷区"。稍有不慎，不仅产品难以销售，还可能失去朋友的信任，与朋友疏远。我们通过观察发现，以下两类广告最容易引发"拉黑"危机。

一是"机器人"式广告：机械地发布产品说明书式的内容，缺乏温度，让人感觉你只是个冷冰冰的推销工具，就像这则中秋节祝福文案。

二是"群发"式私信：通过私信群发广告，显得敷衍且不尊重人，容易让人反感。

朋友圈营销，一定要用心经营，尤其是广告类文案，得有个人特色并且能为别人提供价值。一般来说，打造高价值感的朋友圈得满足以下 3 点。

1. 提供情绪价值：用生活细节打动人心

发布与个人生活相关的内容，如品质生活、兴趣爱好、旅行见闻、美食分享等。这些内容看似与广告无关，实则潜移默化地塑造了你的个人形象。通过展示你的有趣、品味、活力，让能看到朋友圈的朋友感受到你的真实与温度。当你的个人形象足够鲜明时，他们会自然而然地认为你推荐的产品值得信赖。毕竟，在微商泛滥的今天，信任是促成购买的关键。

2. 提供实用价值：用专业赢得信任

分享你的专业见解、实用技巧或行业洞察，展现你在某一领域的专业度。这类内容不仅能帮助朋友解决实际问题，还能树立你的专家形象。当朋友越来越依赖你的建议时，你的推荐也会变得更具说服力。专业 + 信任 = 成交，这是朋友圈广告的底层逻辑。

3. 提供商业价值：用利益驱动行动

广告的核心是传递价值，而不是单纯地推销产品。发布广告时，务必突出其商业价值，让朋友一眼就能明白：

"为什么我要买这个产品？"

"为什么我要在你这里买这个产品？"

"为什么我一定要现在买这个产品？"

通过清晰的利益点，激发他们的购买欲望。

我们把这 3 种价值感投喂给 DeepSeek，让它协助我们打造高价值感的朋友圈。

提示词模板

请帮我写一篇朋友圈文案。我要打造【美妆公司老板】人设，想要写一篇关于【中秋节祝福】的朋友圈文案，字数在【200】左右。希望用户读完能感受到我的真诚和用心，同时获得价值感。要么获得情绪价值，要么获得实用价值，要么获得商业价值。

来看看 DeepSeek 撰写的价值感文案。

亲爱的家人们：

创业第 9 年，最暖不过有你们支持的月圆夜。

作为美妆人，深知节日相聚是展现魅力的高光时刻：

（1）特献「月光肌」护理贴士：洁面后先喷 3 层保湿喷雾，再厚涂晚安面膜，清晨将收获掐出水的透亮感。

（2）送团圆妆灵感：暖棕眼影＋橘调唇釉，温柔又提气色，适配亲友镜头。

> 评论区留言「中秋××美妆」，领取独家秋季护肤指
> 南，另抽10人送「月华流照」礼盒（含24K金箔面膜+
> 中秋限定口红）。
>
> 今夜风柔，适合想念
> ——××美妆创始人·写于奔赴工厂盯新品打样的
> 深夜

在字数限制下，DeepSeek 在数秒创作出的这段文案，无疑是一次品牌、产品与用户的完美结合，充分展现了朋友圈祝福文案的高价值感。

（1）情绪价值：用"创业9年""深夜奔赴工厂"强调专业，强化羁绊感。

（2）实用价值：提供"护理贴士"和"团圆装"，助力用户展现节日魅力。

（3）商业价值：阶梯式赠品刺激用户即时互动，既宣传了新品，又沉淀了用户。

尤其是最后一句"今夜风柔，适合想念——××美妆创始人·写于奔赴工厂盯新品打样的深夜"，这句极有画面感的文字，很好地通过细节的场景化描述去除了 AI 味，增加了能激发用户共鸣的情感温度。

最后，和大家分享一份朋友圈发布比例建议，想要打造高

价值感的朋友圈，建议每天发布 5 条朋友圈，按照 2：2：1 的比例分配。

2 条生活类内容：通过情绪共鸣，打造有趣、有温度的个人形象。

2 条专业类内容：通过实用建议，树立专业、可信赖的专家形象。

1 条广告类内容：在前两者的基础上，自然融入产品推荐，让朋友不仅不反感，反而感谢你的推荐，就像我们这则中秋祝福文案。

总之，朋友圈文案的核心在于用心经营，绝不能简单粗暴地推销。通过提供情绪价值、实用价值和商业价值，不仅能避免被拉黑，还能赢得朋友的信任与喜爱，最终实现营销与友谊的双赢。

↑ 6.2　四步打造"量身定制"文案，轻松建立用户信任

在朋友圈这个温暖的私域空间里，推荐产品的本质是用一颗真诚的心去赢得朋友的信任与支持。当你用心分享好物时，朋友不仅能感受到你的热情，更能成为你背后的力量，给你支持与鼓励。因此，学会撰写能够打动人心的朋友圈文

案，是每一位私域运营者的必修课。

这不仅是一种技巧，更是一种真诚与用心的传递。

（1）讲述你的故事：用真实的情感分享你与产品的故事，让朋友们感受到你的真诚与对产品的热爱。

（2）传递独特价值：思考你能为朋友们带来的特别服务或体验，让他们明白选择你不仅是选择产品，更是选择一份贴心的陪伴与支持。

（3）用心互动：珍惜并回应朋友们的晒单与好评，让信任在每一次互动中升温与延续。

（4）展现真实的你：让你的文案风格与个人性格保持一致，这种一致性不仅让文案有"量身定制"感，也更有吸引力，能让朋友们更愿意相信你。

把这4个技巧投喂给 DeepSeek，让它助力我们写出能构建信任感的"量身定制"款朋友圈文案，模板如下。

💬 **提示词模板**

你非常擅长写朋友圈文案，请针对我的情况 ××，为我量身定制一篇能建立用户信任的朋友圈文案，要求如下：

（1）真诚讲述我和产品之间的细节故事，侧面呈现出产品品质。

（2）通过具体的承诺 ×，让用户无后顾之忧，建立用户信任。

（3）通过"用户反馈"验证"产品的高品质和核心卖点"的真实性。

（4）文案体现出我的 × 个性，字数在 × 左右。

举个例子，我在朋友圈销售脐橙。脐橙是我父母种的，品质有保障，绿色又健康，朋友吃过后都说是他们吃过的最甜的脐橙。自家脐橙卖个开心，保证"脐橙不甜或坏了"可以马上赔偿。我个性幽默，请帮我撰写一篇有趣的文案。

把个人情况代入模板，试试看 DeepSeek 会写出怎样的量身定制文案。

你非常擅长写朋友圈文案，请针对我的情况【我卖的脐橙是我父母自己种的，品质有保障，绿色又健康，朋友吃过都说是他们吃过的最甜的脐橙】，为我量身定制，写一篇能建立用户信任的朋友圈文案，要求如下：

（1）真诚讲述我和产品之间的细节故事，侧面呈现出产品品质。

（2）通过具体承诺【"脐橙不甜或坏了"可以马上赔偿】，让用户无后顾之忧，建立用户信任。

（3）通过【朋友吃过后都说是他们吃过的最甜的脐橙】，验证"产品的高品质和核心卖点"的真实性。

（4）文案体现出我的【幽默】个性，字数在【200】左右。

来看看 DeepSeek 撰写的量身定制款朋友圈文案。

【脐橙甜过初恋，不甜我赔钱！】朋友们总问我为啥敢喊"赣南脐橙天花板"，今天必须摊牌了——其实秘诀就俩字——较真。爸妈坚持只用农家肥，下雨天给橙子盖"遮雨棚"（塑料膜），连快递箱都要亲自打孔确保透气。

前天张姐家娃把我家橙子当糖罐子抢，李哥说他这辈子没吃过这么爆汁的"果肉炸弹"。现在正式宣布：每个橙子都自带"甜度保险"，但凡收到 1 个不甜 / 破损的脐橙，本"橙二代"立刻给您发红包赔罪！

▼现摘现发，点击定位看橙园直播

▼［定位：赣南脐橙核心产区］

［配图：父母在果园摘橙 / 朋友好评截图 / 橙子切面爆汁特写］

必须承认，DeepSeek 在文案创作上的专业能力令人印象深刻。它精准捕捉到了脐橙销售者的核心需求，通过"夸张比喻"和"细节故事"的叙事手法，巧妙构建了产品信任体系：以赔付承诺强化保障，用朋友证言佐证品质，结合幽默人设打造信任化表达，撰写出了量身定制的文案。虽然在幽默尺度的把握上还有优化空间，但作为创意初稿，它已经出色地完成了"激发灵感"和"搭建框架"的基础工作。脐橙销售者只需根据实际情况进行修改和润色即可。更关键的是，只要我们发出数字指令，DeepSeek 是可以源源不断地为我们创作这样的文案的。

DeepSeek 与人工的协作模式，让文案创作既保持了专业水准，又具备了快速迭代的可能性，确实是我们值得信赖的创作伙伴。

↑ 6.3　互动率提升 50%，DeepSeek 互动功能实战指南

朋友圈里的"朋友"未必是真朋友，但主动来链接的，一定算是私域的真流量。除了让朋友"被动"地浏览你的朋友圈，我们还可以通过"主动"运用写作技巧，创造机会，让朋友和你发生交集。这样的互动，不仅能让你的个人魅力得到展示，还能有针对性地推荐产品，甚至加深友谊。

给大家分享 3 个让朋友主动链接的实用技巧。

1. 引导点赞或评论，主动表达感谢

并非所有朋友都喜欢点赞或评论，但"主动引导"能激活潜在用户，创造一对一沟通的机会。比如，在文案结尾加上一句："如果你也认同，点个赞让我知道吧！我会私信感谢每一位支持的朋友。"

2. 用"小惊喜"促进互动

通过赠送小礼品、点赞领红包、有奖竞答等方式，让朋友主动链接。例如："点赞数达 6、16、18 的小伙伴，我会私信送上红包，感谢你的支持！"这种小惊喜不仅能拉近距离，还能创造一对一沟通的机会。

3. 设置话题，引发讨论

通过设计专业咨询、问题讨论、趣味问答等栏目，促使朋友来主动聊天。比如这则保健品文案："天气冷了，泡脚又成了热门话题。但你知道泡脚的'三要三不要'吗？写出优秀答案的伙伴，我送礼物！"这种互动不仅能展示你的专业性，还能让朋友感受到你的用心。

记住，朋友圈的价值，不仅在于"展示"，更在于"链接"。

我们把这些技巧投喂给 DeepSeek，看看这位文案助手能碰撞出怎样脑洞大开的火花。

> **提示词模板**
>
> 　　你非常擅长写朋友圈文案，我的产品是××，请帮我写一篇互动性强的朋友圈文案，要求如下：
>
> 　　（1）要求用精准的语言介绍产品卖点×，描述产品细节，说明会解决用户×痛点。
>
> 　　（2）要求结尾处设计一个非常有吸引力的互动方式，激发用户主动点赞、互动、私聊、下单。
>
> 　　（3）内容口语化，以最大限度地激发用户的参与兴趣，字数在×左右。

　　举个例子，在朋友圈销售秋叶牌洗发水，核心卖点是洗完头发蓬松又柔顺，非常适合头发容易油腻、头发容易贴在头皮上的目标用户。请在这个带有痛点文案的基础上，设计一个活动结尾。我们来问问 DeepSeek。

> 　　你非常擅长写朋友圈文案，我的产品是【秋叶牌洗发水】，请帮我写一篇互动性强的朋友圈文案，要求如下：①要求用精准的语言介绍产品卖点【用了秋叶牌洗发水，头发蓬松又柔顺】，并细致描述产品解决用户痛点【能帮用户解决"头发容易油腻、头发容易贴在头皮上"的问题】；②要求结尾处设计一个非常有吸引力的互动方式，

激发用户主动点赞、互动、私聊、下单；③内容口语化，以最大限度地激发用户的参与兴趣，字数在【300】左右。

来看看 DeepSeek 安排的文案结尾是如何激发互动的。

【油头姐妹集合！】蓬松高颅顶的秘密被我发现了！

一到下午就变条形码刘海？发根软塌能炒菜？［裂开］

秋叶牌蓬松洗发水真的绝！

洗完发根噌噌站起来，头顶像塞了隐形发垫。

发尾却顺得像绸缎，梳子都能直接滑到底！［哇］

偷偷告诉你们，里面加了温泉藻精华＋三重氨基酸，

像给头皮做 SPA，把油脂垃圾全卷走。

水油平衡拿捏得死死的！［加油］

我实测三天没洗头，头发还是根根分明。

同事都问我是不是接了头发！（自拍图证明）

绵密泡泡裹住头发的时候，

感觉自己像在挤云朵。

洗完满头是清冷的雪松香味，

朋友凑近闻了 3 次！

✦现在点赞抽 3 位姐妹送体验装

评论区带＃我要蓬松发量 再揪 5 人送护发精油

（悄咪咪说：本月下单暗号"秋叶飒飒"，有惊喜）

还在为贴头皮烦恼的宝子 赶紧戳我头像！！

从此告别细软塌 做自带鼓风机的女主！

这篇文案简直是私域营销的教科书级示范！DeepSeek 绝对是私域营销人的"外挂神器"！很多人对互动的理解还停留在"结尾喊话求点赞"的层面，这完全是小看了私域运营的精髓。

一篇真正能打动人心的文案，一定是"痛点共情＋场景化描述＋巧妙促单"三位一体的。就像这篇文案，开篇直接戳中油头塌发姐妹的痛点——"一到下午就变条形码刘海？""朋友凑近闻了 3 次！"这些精妙绝伦的细节描述瞬间让用户拥有代入感，心怦怦直跳！只有让用户动了心，才能真正激发他们的互动和链接欲望。更绝的是结尾的互动设计，简直"环环相扣，步步为营"。

（1）点赞送体验装：既保证了朋友圈的互动数据，又能让用户对产品产生兴趣。

（2）评论送护发精油：把潜在用户从公域引导到私域，为后续转化埋下伏笔。

（3）下单暗号有惊喜：这是真正的"临门一脚"，把有购买欲望的用户直接推向成交。

当然，也有人会问：互动还能不能更有趣、更有创意？

当然可以！还记得使用 DeepSeek 的核心秘籍吗？——把不会的问题全部抛给它！只要继续追问它，提出更多的互动设计要求，就能拥有用不完的互动创意。

> 💬 **追问互动模板**
>
> 以上文案我很满意，但我还想多了解一些能促发下单的有趣互动，请你再为我设计 8 种互动方式。要方便、好操作，最大限度地激发用户的参与兴趣，激发用户主动点赞、互动、私聊、下单，注意文风、逻辑要与以上文案一致。

来看 DeepSeek 到底能有多脑洞大开。

> （以下是 8 种脑洞大开的互动设计，延续了原文案的文风）
>
> ▼ 互动 1：【油头人设不崩挑战】
>
> 宝子们敢不敢晒出手机相册里「最贴头皮黑历史」和「用完秋叶的炸毛现拍」对比图？带 #人间蒲公英 话题发九宫格，点赞最高的 3 位，我直接承包你全年洗发水！（悄悄说：前 20 名参与者都能私聊我领发膜小样）
>
> ▼ 互动 2：【抛骰子赢免单】
>
> 现在！立刻！截屏微信骰子表情给我！

扔到 1 →送正装洗发水

扔到 6 → 9.9 元抢限定樱花瓶

其他数字→凭截图领头皮检测秘籍

（仅限今天 18:00 前，本锦鲤说到做到）

▼ 互动 3:【发量凡尔赛大赛】

评论区用 1 句话炫耀你的蓬松高颅顶！

例："刚洗完头进电梯，有人问我是不是戴了假发套。"

选取 5 条神回复，送能拍杂志封面的「女团同款蓬蓬梳」！

▼ 互动 4:【前任后悔触发器】

带 #前任你看我头发啊 话题发背影杀视频，播放量破 500 的宝，送让 crush（迷恋对象）心跳 180 的「伪体香护发精油」

▼ 互动 5:【"秃"然小剧场】

在评论区续写我的油腻故事：

"开会时领导说'小张你头发……'，我吓得……"

点赞破百的"戏精"，送防秃彩蛋「毛囊复活精华液」！

▼ 互动 6:【薅闺蜜头发计划】

@你头发最油的闺蜜并留言"宝，赌你用这个撑不过 3 天"。只要她 7 天内发使用反馈，你俩各得头皮按摩仪！被 @最多的闺蜜王，再送全年免费洗护！

▼ 互动 7:【社畜油头倒计时】

晒工位电脑时间截图 + 自拍头顶状态，17:00 后头发仍蓬松的，凭「人间蒲公英认证照」找我兑 5 包懒人控油干发粉！

▼ 互动 8:【油头黑话接龙】

在评论区用"自从不油头，我 _____"造句

例："自从不油头，我司'男神'帮我拧瓶盖都多转三圈。"

最有创意的 3 条，送能让 Tony（托尼）老师失业的「自造型电卷棒」！

▼

（所有活动解释权归本仙女所有，别逼我跪下来求你们参加！）

这些"脑洞大开"却完全符合"洗发水的仙女人设"的互动方式，简直是为私域运营量身定制的"爆款秘籍"！不仅让互动率至少提升 50%，更展现了 DeepSeek 强大的创意水平——它不仅是工具，更是私域运营者的"灵感外挂"。

通过这些互动设计，我们也领悟到：私域运营绝不是简单的"喊话求点赞"，而是要用精准的共情和巧妙的策略，让用户从"被动围观"变成"主动参与"，甚至心甘情愿地为你

点赞、互动、下单，最终成为你的忠实客户，甚至是朋友。

↑ 6.4 朋友圈文案没灵感？DeepSeek 助你写出个性化爆款文案

在私域营销中，朋友圈文案虽篇幅短小，却蕴含着巨大的商业价值。然而，对于许多新手而言，"朋友圈文案变现"却是一道难以逾越的鸿沟。他们常常在编辑框前陷入沉思，心中似乎有诸多想法，却难以捕捉住那稍纵即逝的灵感。删删改改两小时，最后只能无奈放弃。

尤其是拥有个人产品的营销者，他们明明手握优质产品，却因文案创作能力的欠缺，不得不依赖"硬广刷屏"或"自嗨式推销"来推广产品。结果不仅未能吸引潜在客户，反而招致了好友的屏蔽，营销效果大打折扣。

针对这一普遍痛点，为大家分享一款"万能模板"，帮助私域营销者从"自说自话"转向"精准狙击痛点"，轻松撰写出"让用户心动＋行动"的黄金文案。该模板基于用户思维框架，通过以下 4 个步骤，与用户发生链接。

（1）明确身份与产品：首先，清晰地向用户传达你是谁，以及你销售的产品是什么。这一步是建立信任的基础，也是吸引用户关注的第一步。

（2）提炼产品的核心卖点与用户的痛点：深入挖掘产品的核心卖点，并精准地指出这些卖点如何解决目标用户的痛点问题。这一步是文案的关键，它能直接满足用户的需求，激发他们的购买欲望。

（3）凸显产品优势：与竞品相比，你的产品有何独特之处？是更高的性价比、更优质的服务，还是更创新的功能？通过对比分析，凸显你的产品优势，让用户在众多选择中一眼相中你的产品。

（4）提供诱人福利：最后，别忘了为用户准备一些诱人的福利，如限时优惠、赠品或增值服务等。这些福利能够有效地降低用户的决策成本，促使他们迅速下单，实现文案的最终变现目标。

只要通过以上 4 个步骤，就能够撰写出有机会变现的朋友圈文案。按照这个逻辑，我们设计出提问 DeepSeek 的万能模板。

💬 **提示词模板**

你非常擅长写朋友圈变现文案，请帮我写一篇朋友圈文案，我是 × 品牌或身份，代言 × 产品。产品的核心卖点是 ×，能解决用户的 × 痛点问题。请熟悉以上信息，再按以下要求为我撰写一篇 × 字的朋友圈变现文案。

（1）通过【自己使用产品的细节描述】，强调产品质量和卖点。

（2）强调产品高性价比，可与同质量竞品做对比，说明价格优势，激发用户购买欲。

（3）增加其他想表达的内容。

（4）口语风格，确保添加情感表达，让文案更具感染力和说服力。

（5）请针对以上文案，给我针对性的配图建议，确保能图文并茂地展示产品优势。

举个例子，一位宝妈发现了一款性价比较高的纸尿裤，不仅价格亲民，品质也让人放心。为了既能自用省钱，又能分享好物，她决定开启代理副业，不仅能 8 折购买纸尿裤，还能通过招募团队获得额外收益。现在，她想在朋友圈推广这款纸尿裤，同时吸引更多宝妈加入她的代理团队，但苦于不知如何用朋友圈文案打动人心，更不了解什么是产品卖点。我们可以将她的需求代入万能模板，有些部分能填写就尽量填写，不会填的也没关系，交给 DeepSeek，让我们看看 DeepSeek 如何助力她在朋友圈轻松做副业。

你非常擅长写朋友圈变现文案，请帮我写一篇朋友圈文案。我是【宝妈】，代理【一款 × 纸尿裤】产品。产品的核心卖点是 ×，能解决用户的 × 痛点，请熟悉以上信息，再按以下要求为我撰写一篇【300】字左右的朋友圈变现文案。

（1）通过【我自己家孩子用得很好，便宜好用】，强调产品质量和卖点。

（2）强调产品的高性价比，可与同质量竞品做对比，说明价格优势，激发用户购买欲。

（3）其他想表达的内容为【招募宝妈加入我的团队，团队成员可 8 折购买产品。可以给宝宝最好的，还能做副业赚钱】。

（4）口语风格，确保添加情感表达，让文案更具感染力和说服力。

（5）请针对以上文案，给我针对性的配图建议，确保能图文并茂地展示产品优势。

来看看 DeepSeek 创作的文案。

当了妈才知道，选纸尿裤比选老公还费心！

我家小宝用了 × 牌后，老母亲终于能睡整觉了！昨晚漏尿？红屁屁？不存在的！3D 蜂窝芯体吸得快干得透，小胖腿怎么蹬都不移位，关键是一片才合8毛（某大牌同款材质要1块2）。

姐妹们知道我为啥囤了10箱吗？因为厂家直供，砍掉中间商环节，咱们自用省一半费用！在加入我的暖心宝妈团，不仅能8折囤货，分享还能赚奶粉钱！上个月带娃间隙随手发圈，居然赚出了早教课费用 ✨

看这蚕丝感面层，小宝扭成麻花都没摩擦印～（配照片）现在新人下单送试用装，不满意全额退！囤货攻略和团队培训资料都准备好了，扫码进群还能领《选尿不湿避坑指南》。

当了妈妈更要抱团取暖呀～给宝宝最好的同时，也给自己多一份底气！

点击定位就能参团，明天统一发车啦～

配图建议

九宫格主图：宝宝撅着小屁股熟睡的照片（展示尿不湿轻薄、服帖）

左上配对比实验图：自家产品与某大牌吸水后剪开内芯的对比照

中间产品实拍图：整齐堆放的尿不湿包装盒＋手写价格牌（划掉原价标现价）

右下放团队收益截图（马赛克处理）＋宝妈聚会合照

看到 DeepSeek 在数秒内创作出这篇文案时，我的内心被一份感动击中。这份感动既源于 DeepSeek 通过"选纸尿裤比选老公还费心""老母亲终于能睡整觉了""带娃间隙随手发圈"等细节刻画，让人感受到它对宝妈群体的共情和理解，也在于它揭示了一个被许多人忽视的真相：AI 并非冰冷的替代者，而是我们生活的赋能者。

许多人曾担心被 AI 淘汰，但换个角度，当我们主动拥抱 AI，将其转化为得力助手时，它便能成为我们高效工作的加速器。DeepSeek 正是这样一个工具——它帮助诸如宝妈等没有写作灵感的群体，在文案变现的道路上走得更轻松，从而腾出更多时间和精力去拼搏事业，享受生活。

DeepSeek 的价值，在于它让我们从重复劳动中解放出来，专注于那些真正需要人类创造力和情感投入的领域，我想这也才是我们这本书出版的核心意义。

第 **7** 章

DeepSeek 高效助力，一个人也能做 100 个账户

 深度思考（R1）   联网搜索

DeepSeek 在文案结构和创意表现上的卓越能力已在前面部分展示得很完整了。然而，DeepSeek 的厉害之处远不止于此，它在提供海量内容方面也同样令人惊叹。

↑ 7.1 文案生产力革命：DeepSeek 1 小时产出 100 条高质量文案

事实上，我们只需发出明确的数字指令，例如"请根据 ×× 要求，撰写 100 条 ×× 文案"，DeepSeek 便能在极短的时间内完成任务。对于一些相对简单的文案需求，如模仿金句、创作短文案或生成标题，它甚至可以在数秒或数分钟内产出几十条乃至上百条优质内容。

以最近网络上爆火的模仿文案为例，DeepSeek 的表现更是令人印象深刻，模板如下。

💬 提示词模板

请你扮演一位【散文作家】，确保文笔流畅，用词丰富、优美，擅于引经据典，撰写的文章富有内涵和深度。接下来，我会给你发送一段内容，请你认真学习、模仿。然后结合以上内容，为我撰写文案，主题是"上海"，300 字左右。我发送给你的参考内容如下。

《福州》

你要写福州，就不能只写福州。

你要写榕荫如盖，绿意绵延，岁月沉淀下尽显蓬勃生机。

写闽江滔滔，奔涌向前，诉说古老与活力。

写三坊七巷古韵悠悠，承载千年历史风云。

写严复思想，启迪科学精神与爱国情怀。

写林则徐刚正不阿，挺起民族脊梁。

写佛跳墙醇厚浓郁，舌尖上的福州记忆。

写街头巷尾茉莉花香，弥漫家的温暖。

福州或许没有那么耀眼夺目，但它是我们心中永远的眷恋，是心灵深处的归依。

在这里，梦想与希望交织，传统与现代共融。

福州，永远是那片值得我们热爱与骄傲的土地。

来看看 DeepSeek 在 14 秒内生成的文案。

《上海》

你要写上海，就不能只写上海。

你要写外滩钟楼敲碎黄浦江的月光，

海关大钟的齿轮咬合着十里洋场的百年光阴；

写苏州河上漂浮的油彩，莫奈笔下的睡莲在 M50 的涂鸦墙重新绽放。

写张爱玲公寓里未干的红酒渍，

在《半生缘》的稿纸上洇出爱玲式的苍凉；

写周璇唱片纹路里的《夜上海》，霓虹灯影在金嗓子歌声

中流淌成河。

写城隍庙蒸笼掀开时的蟹粉汤包，

薄皮兜着滚烫的江南烟雨；

写法租界梧桐叶筛落的阳光，

在武康路咖啡杯里搅出拿铁般的绵长岁月。

石库门晾衣竿上的真丝旗袍，

仍飘着阮玲玉时代的香水味，

而陆家嘴的玻璃幕墙已倒映出银河。

当渡轮鸣笛穿过杨浦大桥的钢索，

这座城市终将明白：

弄堂口阿婆的栀子花与浦东云端的无人机，

都是海上旧梦与新篇的和弦。

14 秒，DeepSeek 就能给出如此高质量的文案！更令人称道的是，DeepSeek 不仅能够快速地为单个城市生成指定字数的文案，还能在数分钟内为全国所有城市量身定制符合需求的文案。这种高效且精准的能力，不仅大大提升了

内容创作的效率，也为用户提供了前所未有的便捷体验。无论是不断打磨提示词让 DeepSeek 写出更优质的文案，还是文案创作者在初稿基础上修改细节，DeepSeek 都能以惊人的速度和质量，满足多样化的需求。这种能力，无疑为内容创作者和品牌方开辟了新的可能性，让创意与效率完美融合。

DeepSeek 这种短时间内提供海量文案的能力，在营销、私域运营等领域具有广泛适用性。我们曾为某公司定制提示词模板，只需输入产品信息和客户画像，便能在 1 小时内生成数百条专属朋友圈和私信文案，覆盖月余使用需求。这些文案分发给销售团队后，成员可轻松完成每日宣发任务，高效与客户建立连接。

以汽车 4S 店为例，团队开发新客户、维护老客户的需求巨大，但员工能力参差不齐，文案撰写和私信维护成为发展的瓶颈，投入与产出比严重失衡。通过 DeepSeek 助力，该团队 1 小时即可生成 100 条精准客户文案，客服团队只需每天挑选 5 篇发布朋友圈，并发送私信、初步链接客户，显著提升了初期购买转化率。

这是如何做到的？给大家分享一个提示词模板。

💬 提示词模板

我是【秋叶汽车 4S 店】，近期推出了一款【夏季养车计划】，产品卖点是【高温易引发爆胎，来店即送免费 21 项全车检测】。请根据以上内容，为我撰写【100 条】朋友圈文案，每条在【100 字】左右，便于我发送给客户促单。要求：礼貌问候不打扰，自然切入产品，引导用户来店。这 100 条朋友圈文案计划分发到 20 个客服号，1 周内覆盖 3000 个客户私域，请同时给我一些发文案的时间建议或注意事项。

看看 DeepSeek 给出的文案效率和营销建议（节选）。

根据您的要求，结合汽车养护、爆胎预防、夏季养车痛点的信息，我为您设计以下朋友圈文案框架（100 条需分批次发布），并附上时间安排建议。

一、朋友圈文案模板（精选 5 条示范）

【高温预警关怀版】

连续最高气温 40℃ + 的天气，您的爱车轮胎正在经历"烤"验！据研究，地表温度超 65℃时爆胎风险增加 5 倍。秋叶为您护航：即日起到店检测轮胎压力、磨损度、底盘隐患，免费享 21 项安全筛查。私信预约可免排队，为安全增加一份保障。

【数据科普版】

夏季高速爆胎事故占到全年的 68%! 秋叶特别推出『防爆胎安心计划』：免费检测轮胎 / 刹车 / 冷却系统, 赠送胎压监测校准服务。转发本条朋友圈即可额外获得空调杀菌券, 安全与清凉兼得!

【场景化痛点版】

送孩子上学的路上突然爆胎? 秋叶为您排除隐患! 即日起预约到店, 免费检测轮胎老化、轮毂变形、悬挂系统等 21 项核心指标问题, 专业技师 1 对 1 解读报告。安全无小事, 早检早安心。

【老客户专属版】

尊敬的秋叶车主：系统检测到您的爱车已行驶 2 万千米, 夏季高温可能加速橡胶老化。为您预留专属福利——免费全车检测 + 轮胎深度护理（价值 298 元）。点击链接锁定名额→【预约链接】

【对比警示版】

一组数据告诉您：90% 的爆胎事故可通过提前排查避免! 秋叶专业设备 10 分钟完成胎纹深度 / 偏磨检测, 现在到店还送玻璃水加注服务, 点击私信立即预约↓

（更多模板涉及：亲子安全、商务车主、雨季关联、车主故事、节气营销等方向，此处略。）

二、发布策略建议

时间分布

√工作日：

早高峰（7:30—8:30）发安全警示类文案

午休（12:00—13:00）发福利活动类

下班前（17:00—18:00）发场景痛点类

√周末：

上午（9:00—10:00）发家庭关怀类

下午（15:00—16:00）发数据科普类

晚间（20:00—21:00）发限时优惠类

三、账号分工

5 个账号侧重「安全技术科普」，引用行业数据

5 个账号主打「客户见证」，改编真实案例

5 个账号推送「服务流程展示」，结合检测项目清单

5 个账号使用「节气／天气关联」，结合高温预警

四、注意事项

1. 避免同一时段多账号发布相似内容，采用「主题轮换＋时间错峰」

2. 每条文案配 3~4 张实拍图（检测设备／技师工作／报告单），提升真实感

> 3.关键节点（如暴雨／高温预警日）追加推送，关联天气痛点场景
>
> 4.设置阶梯奖励：转发3条以上朋友圈即可升级为VIP，享受快速通道服务
>
> 需要完整100条文案或特定场景优化方案，我可进一步提供细分版本。建议首周先测试20条不同风格文案，根据点赞／咨询数据调整后续内容侧重。

从文案创作到营销管理，DeepSeek 将烦琐信息一键简化。无论你是专职文案人员还是初创企业主，都能借助 AI 技术，以"一人公司一小时百条产出"的模式，专注于核心业务，将商业价值最大化。这，就是科技的力量。

↑ 7.2 DeepSeek 跨平台一键改写：1人搞定全平台运营，效率提升 300%

自媒体圈里有一句广为流传的话："能坚持'日更'，就能打败 90% 的同行。"这句话看似简单，却道出了自媒体人的辛酸与不易。在写出爆款文案之前，坚持高频更新已经是一场与时间和精力的较量。每天撰写几千字的原创内容已属挑战，更何况还要兼顾多平台运营，调整风格、适配规则，

这真的是一项很难的工作。

DeepSeek 的出现，在很大程度上提升了全平台运营的效率，更让自媒体人从烦琐的重复劳动中解放出来。以某"读书写作账号"博主为例，他的内容覆盖公众号、小红书、知乎、头条等多个平台。在过去，写完一篇文案后，他需要针对每个平台的调性和规则进行二次修改——公众号需要深度长文，小红书注重图文并茂，知乎强调逻辑严谨，头条则追求热点时效。这种"一稿多改"的模式不仅耗时耗力，还极大地消耗了他的创作热情。

如今，借助 DeepSeek "跨平台一键改写"，他只需专注于核心内容的创作，剩下的适配工作交给 DeepSeek 即可。这不仅让他从繁重的重复劳动中解脱，更让他有更多精力去打磨优质内容，提升账号的整体竞争力。可以说，DeepSeek 不仅是效率工具，更是自媒体人实现突破的"秘密武器"。

举例，我们在"4.4 高赞带货秘籍：把'回答'变成'种草好文'的 DeepSeek 公式"一节打磨了一篇知乎文，现在我们把这篇文案转化成小红书笔记、头条文章。

提示词模板

请归纳总结【小红书笔记】特点,把我发给你的一篇文案调整成【小红书笔记】风格,要求【600字】左右。我发给你的文案如下。

Hey,我是被200万科技爱好者"追更"的秋叶AI,专注于每天分享一个AI技巧。你是否深夜还在加班对着一堆数据报表叹气?是否对着PPT排版焦头烂额?想要用AI提效,却总在工具选择和学习门槛前败下阵来?

别焦虑!我来分享几个再也不用加班,还能轻松工作的AI技巧,这是我结合热卖榜图书《秒懂AI文案》学到的技巧哦,绝对能让你用喝杯咖啡的时间(10分钟)完成过去1小时的基础工作。

(1)用【豆包】把繁杂数据一键转化成Excel表还能精准纠错。再复杂的数据都能3分钟搞定,告别手动筛选的抓狂。

(2)速成会议纪要:直接把3小时的会议录音"丢"给【飞书妙记】,3分钟生成精准又专业的会议纪要,关键结论和待办事项一字不差,连排版都很漂亮。

(3)PPT杀手级操作:用【DeepSeek】生成大纲后,把大纲交给【AIPPT】,88页排版精美的PPT,5分钟就能搞定。

你肯定担心这么多 AI 工具不会用、用不好怎么办？

不怕，直接拿着《秒懂 AI 文案》图书照抄提示词就好了。书里有 54 个提示词模板，适合 60 余个场景，照着抄就能用。上周和一个粉丝聊天，她用了书里的提示词模板，把老板临时"丢"来的市场分析报告从熬夜干变成半小时交差，第二天还被夸"逻辑比咨询公司还清晰"。

我是 200 万好学青年都在关注的秋叶 AI，专注每天分享一个 AI 硬核知识。如果你也想轻松搞定工作，不妨直接入手《秒懂 AI 文案》图书，让你的效率飞起来！评论区聊聊，你最喜欢用哪个 AI 工具？

来看看 DeepSeek 耗时 19 秒给出的答案。

小红书笔记核心特点

1. 风格活泼：表达较为口语化、生动活泼，善用感叹号等标点增强情感。

2. 突出个人：以"我"的视角分享内容，拉近与读者的距离，增强亲近感。

3. 制造话题：结尾常设置互动话题，引导读者在评论区留言交流。

4. 结合热点：融入当下热门元素，吸引用户关注。

5.简洁直观：用简洁的语言突出重点，快速传达核心信息。

调整后的小红书笔记

《谁懂啊！有了这些 AI 技巧，再也不用加班啦！！》

宝子们，我是被 200 万科技爱好者追更的秋叶 AI，每天都会分享一个超实用的 AI 技巧。你们是不是也经常深夜还在加班，对着一堆数据报表叹气？或者为了 PPT 排版焦头烂额？普通人想用 AI 提效，却总是在工具选择和学习门槛前败下阵来。别焦虑，今天我就来分享几个让你再也不用加班，还能轻松工作的 AI 技巧！

这些技巧可是我结合热卖榜图书《秒懂 AI 文案》学到的，能让你用喝杯咖啡的时间（10 分钟）完成过去 1 小时的基础工作。

√一键处理数据：用【豆包】把繁杂数据一键转化成表格，还能精准纠错。再复杂的数据，3 分钟就能搞定，直接告别手动筛选的抓狂时刻。

√速成会议纪要：把 3 小时的会议录音直接丢给【飞书妙记】，3 分钟就能生成精准又专业的会议纪要，关键结论和待办事项一个都不会落下，连排版都超漂亮。

√PPT 杀手级操作：先用【DeepSeek】生成大纲，

再把大纲交给【AIPPT】，88 页排版精美的 PPT 5 分钟就能搞定。

宝子们肯定担心这么多 AI 工具不会用、用不好怎么办？别害怕，直接拿着《秒懂 AI 文案》照抄提示词就行。书里有 54 个提示词模板，适合 60 余个场景，照着抄就能用。上周和一个粉丝聊天，她用了书里的提示词模板，把老板临时丢来的市场分析报告从熬夜干变成半小时交差，第二天还被老板夸"逻辑比咨询公司还清晰"。

我是 200 万好学青年都在关注的秋叶 AI，每天专注分享一个 AI 硬核知识。如果你也想轻松搞定工作，不妨直接入手《秒懂 AI 文案》图书让你的效率直接起飞！

评论区聊聊，你最喜欢用哪个 AI 工具？

再试试万能提示词模板写头条文章。

💬 提示词模板

请归纳总结【今日头条文章】的核心特点，把我发给你的文案调整成【今日头条干货文】，要求【1200 字】左右。我给你的文案【如上】。

来看看 DeepSeek 耗时 28 秒给出的头条文章。

今日头条文章核心特点归纳

1. 吸睛标题与开篇：标题和开篇需要有足够的吸引力，能迅速抓住读者眼球，吸引其继续阅读的兴趣。

2. 实用性强：多为干货文，能为读者提供切实可用的知识、技巧或解决方案。

3. 通俗易懂：语言风格简洁明了，避免过于专业或晦涩的表述，使大众读者易于理解。

4. 互动性佳：结尾常设置互动环节，鼓励读者留言评论，增强与读者的互动。

5. 结合热点：善于结合当下热点或实际案例，让内容更具说服力和趣味性。

调整后的今日头条干货文

《告别加班！掌握这些 AI 技巧，让工作效率飙升》

在当今快节奏的工作生活中，你是否也有过这样的经历：深夜还在办公室对着一堆数据报表唉声叹气，或是为了 PPT 的排版而焦头烂额？别担心，今天我——被 200 万科技爱好者追更的秋叶 AI，就来给大家分享几个超实用的 AI 技巧，让你再也不用加班，轻松"摸鱼"不是梦！

这些技巧可是我结合热卖榜图书《秒懂 AI 文案》学到的，绝对能让你用喝杯咖啡的休闲状态，10 分钟完成过去 1 小时的基础工作。

繁杂数据处理神器——豆包

在工作中，处理数据是一项既烦琐又容易出错的任务。但有了【豆包】这个 AI 工具，一切就变得简单了。你只需将繁杂的数据交给它，它就能一键转化成表格，还能精准纠错。不管数据有多复杂，都能在 3 分钟内搞定。想象一下，以往你可能需要花费大量时间手动筛选数据，还可能会因为粗心而出现错误，而现在有了豆包，这些问题都迎刃而解。告别手动筛选的抓狂，让工作效率大幅提升。

会议纪要速成秘籍——飞书妙记

会议纪要是很多职场人头疼的问题，尤其是那些长达数小时的会议，既要准确记录关键结论和待办事项，又要保证排版美观，实在是一项巨大的挑战。不过，有了【飞书妙记】，这个难题就轻松解决了。你只需把 3 小时的会议录音直接丢给它，它就能在 3 分钟内给你生成精准又专业的会议纪要，关键结论和待办事项一字不差，连排版都很漂亮。这样一来，你就可以把节省下来的时间用在更有价值的工作上了。

PPT 杀手级操作组合——DeepSeek 与 AIPPT

PPT 制作也是许多人工作中的一大难题，尤其对于那些不擅长设计的人来说。但现在，有了【DeepSeek】和【AIPPT】的组合，一切都变得简单了。首先，用【DeepSeek】生成大纲，然后把大纲交给【AIPPT】，它就能在 5 分钟内完成 88 页排版精美 PPT 的制作。这不仅大大节省了时间，还能让你的 PPT 看起来更加专业和美观。

看到这里，你可能会担心这么多 AI 工具不会用、用不好。其实，完全不用担心，直接拿着图书《秒懂 AI 文案》照抄提示词就好了。这本书里有 54 个提示词模板，适合 60 余个场景，照着抄就能用。就像上周我和一个粉丝聊天，她用了书里的提示词模板，把老板临时丢来的市场分析报告从熬夜干变成了半小时交差，第二天还被老板夸"逻辑比咨询公司还清晰"。

《秒懂 AI 文案》就像是一本 AI 使用的百科全书，它能帮助你快速掌握各种 AI 工具的使用方法，让你在工作中如鱼得水。如果你也想轻松搞定工作，不妨直接入手《秒懂 AI 文案》图书，让你的效率"飞"起来！

最后，我想和大家互动一下，在这些 AI 工具中，你最喜欢用哪个呢？欢迎在评论区留言、分享你的想法，让我们一起探讨如何更好地利用 AI 提升工作效率。

我们会发现，DeepSeek 跨平台的"一键改写"，细节处理精准，效率显著提升。借助它，或许我们可以实现多平台"日更"，也就能节约时间，将更多精力投入到核心创意的挖掘与实现上。

↑ 7.3 训练你的写作数字分身，打造你的专属智能体

随着 DeepSeek 的广泛应用，用户需求也在不断升级。虽然 DeepSeek 以其强大功能赢得了广泛认可，但也有小伙伴提出更高需求："AI 技术迭代如此迅速，是否有可能实现'一键做所有'？例如，我不需要输入一个个提示词去问 AI，而是拥有一个专属'数字人'，我只需要像个老板一样下命令，它就能像老板助理一样协调所有，安排所有，高效高质出结果？"

创新来自"敢幻想"。这个问题的答案是——可以。

通过训练数字分身，你完全可以打造你的专属数字人，也就是智能体。

7.3.1 什么是智能体?

智能体就像一个虚拟的小助手，它能根据你的需求完成特定的任务。比如：你问它问题，它能回答；你让它帮忙，

它能执行；它还能学习你的习惯，变得越来越懂你。简单来说，智能体就是一个聪明的"工具人"，帮你解决问题、提升效率，甚至陪你聊天解闷。

那么，什么是你的专属智能体呢？

用一句话解释，它就像你的私人 AI 小管家，专门为你定制，能帮你解决某一领域的问题，完成你下达的任务。更厉害的是，你用得越多，它就越了解你的喜好和需求，比如，知道你常问的问题、偏好的回复风格，就越像"你"，就像你的"数字分身"。举个例子，如果你经常需要写工作报告，你就可以为自己打造一个"专属写报告智能体"。它会学习、归纳、总结你的写作风格，你只需提出要求，它就能自动生成符合你风格的报告初稿。再比如，如果你是小红书博主，你就可以为自己打造一个"专属小红书智能体"，给到你喜欢的文风和图片，让它习惯你的种草方式。你只需提出主题，它就能自动生成"带有你专属文风"的图文笔记。注意，连小红书封面都能为你一键制作。

7.3.2　如何搭建专属智能体？

目前，专业级智能体的构建仍需依赖专业人士。但对于入门级应用，借助 AI 工具即可实现。例如，面向新手设计的"扣子平台"，便是一个简单易用的 AI 智能体搭建工具，零基础用户也能快速上手，开启智能化应用之旅。

分享扣子平台 AI 智能体搭建攻略（节选自扣子平台）

1. 搭建 AI 智能体

无论你是否具备编程基础，都可以在扣子平台上快速搭建一个专属的 AI 智能体。以"夸夸机器人"为例，教你如何搭建一个能给予鼓励的 AI 智能体。

2. 智能体效果

与夸夸机器人对话时，它会用温暖的话语赞美你，鼓励你面对困难，抚慰你的情绪，让你感受到满满的正能量。

3. 搭建步骤

步骤 1：创建一个智能体。

（1）登录扣子平台：打开扣子平台并登录你的账号。

（2）新建智能体：在页面左上角点击"⊕"按钮，输入智能体名称（如"夸夸机器人"）和功能介绍。

（3）生成头像：点击"生成图标"按钮，系统会自动为你的智能体生成一个头像。你也可以选择"AI 创建"，通过自然语言描述你的需求，让扣子帮你自动创建智能体。

（4）确认创建：点击"确认"按钮，进入智能体编排页面。

步骤 2：编写提示词。

（1）提示词是智能体的"认知基因"，决定了它的行为和语言风格。

（2）进入人设与回复逻辑面板：在编排页面左侧找到该面板。

（3）输入提示词：例如，夸夸机器人的提示词可以设置为"一个充满正能量的赞美鼓励机器人，时刻用温暖的话语给予人们赞美和鼓励"。

（4）优化提示词：点击"优化"按钮，让系统帮你优化提示词的结构。

步骤 3：（可选）为智能体添加技能

如果智能体的功能需要扩展，可以为其添加技能。

（1）添加插件：在编排页面的"技能"区域，点击"+"图标。

（2）修改提示词：指示智能体在无法回答问题时调用该插件。

（3）增强体验：为智能体添加开场白、背景图片等功能。

步骤 4：调试智能体

（1）测试对话：在"预览与调试"区域与智能体对话，检查是否符合预期。

（2）调整优化：根据测试结果，修改提示词或技能配置，直到满意为止。

步骤 5：发布智能体

（1）点击发布：在编排页面右上角点击"发布"按钮。

（2）选择渠道：根据需求选择发布渠道，如微信、抖音、豆包等。

（3）完成发布：点击"发布"按钮，即可在终端应用中使用你的智能体。

有兴趣的小伙伴可以尝试搭建自己的专属智能体，比如"小红书智能体""公众号智能体""我的专属心理咨询师智能体""金句海报智能体"等。

另外，为大家推荐几款秋叶家的"智能体"，它们功能多样，各具特色，大家可以试一试、玩一玩，享受智能体带来的便捷操作和惊喜结果。

1. 秋叶®小红书笔记图文生成器

https://www.coze.cn/s/ifxTsy69/

小红书博主，想发笔记不会写？更新频率就是跟不上？赛道、标题发我，数秒为你生成图文笔记。

2. 秋叶®爆款文案生成器

https://www.coze.cn/s/zlxGL8w-92k/

为你提供热门文案、广告语、标题等创意，助你快速撰写内容，吸引眼球，提升转化率。无须费时费力，一键生成优质文案，让你轻松赢得关注和销量！

3. 秋叶®环游世界写真馆（女生版）

https://www.coze.cn/s/uTkQVXe9AOw/

4. 秋叶®环游世界写真馆（男生版）

https://www.coze.cn/s/h5c0We-wGnI/

告诉我你想去哪里，上传照片，还你一个环游世界的梦想。

5. 秋叶®SD绘画提示词大师

https://www.coze.cn/s/UJLTa5R0Nhk/

提供一个主体，还你一段优质的AI绘画提示词。

第**8**章

你独一无二的个性，才是
DeepSeek 最需要的语料

DeepSeek 再厉害，AI 迭代再迅速，也只是"你"的工具。缺乏"你的特色"，DeepSeek 终将平平无奇。

↑ 8.1 发挥 DeepSeek 优势，4 个问题帮"你"选定离变现最近的定位

DeepSeek 的文案创作力如此强大，是否会导致文案千篇一律呢？

这就非常强调"个人"的珍贵了。DeepSeek 再先进，也只是工具。就像摄影工具迭代发展，但面对同一片风景，摄影师注入的情感深度不同，同一张照片所呈现出来的故事也截然不同。DeepSeek 同样如此：即便面对同一主题，不同人的思考、创意、提问和打磨，也会让最终的文案展现出不同的思想与情感。

因此，随着 AI 的普及，人类的独特价值将愈发珍贵——正是我们的创造力、情感深度和独特视角，让 AI 工具焕发出真正的生命力。

那么，如何凸显出"你"的价值就变得尤为重要，分享以下 4 个问题，帮"你"选定离钱最近的专属定位。

（1）你是谁？

（2）你最擅长什么？

（3）你擅长的领域能为别人带来什么帮助？

（4）这些帮助能转化成什么产品进行商业变现？

在这个快速变化的时代，清晰思考这 4 个问题，就能找到属于"你"的答案。

以秋叶大叔为例，作为知识付费领域的领军人物，从 PPT 专家到个人品牌打造者，再到迅速掌握 AI 核心技术，每一步都精准地踩在时代的脉搏上。又如宋宋，凭借高效阅读和文案变现的能力，成功塑造了独特的个人写作品牌，拥有商业变现的核心竞争力。这些能力不仅是个人的独特标签，更是我们在激烈竞争中脱颖而出的关键。因此，只有深入思考并明确自己的核心优势，形成自己的"专属定位"，才能将各类工作、资源纳为己用，才能走向更远、更稳的未来。

当然，或许我们无法很好地思考清楚自己的定位，在过去，或许需要花大价钱去请专业咨询师为我们梳理定位，但现在，DeepSeek 可以在一定程度上指点迷津。

我们来看下面这个案例。

（1）你是谁？我是一名普通文员、宝妈，想要开展副业，但很困惑。

（2）你擅长什么？我很擅长化妆和拍照，我虽然有点胖又有点黑但很美。

（3）你擅长的领域能为别人带来什么帮助？能让别人变美，并且为别人拍美照。

（4）这些帮助能转化成什么产品进行商业变现？教人化妆？给人拍照？

记得使用 DeepSeek 的秘诀吗？——把所有的问题都抛给它。

分享提示词模板如下。

□⁺ 提示词模板

我想在自媒体上开辟副业，想通过公众号、知乎、小红书、今日头条等自媒体平台获取副业收入，但我不知道如何确认自己的定位，我把我的个人情况发送给你，请结合我的实际情况：

（1）帮我选定"离钱最近"的定位，并指出为什么。

（2）给我推荐最适合发展的平台，并指出为什么。

（3）给我一些从 0 到 1 的具体建议，需要保证简单可实操。

（4）确定定位后请针对性地为我写一篇示例文，让我明确了解未来方向。

（5）指出后续你能为我提供的具体帮助。

我个人情况如下：我是一名普通文职人员、宝妈，想要开展副业，但很困惑。我不懂自媒体，没有流量，也不会写文案。我唯一擅长的是穿搭和拍照，我自己又胖又黑但通过穿搭能变得很美，我还很擅长拍照，能拍出很美的照片。

来看看 DeepSeek 耗时数秒给出的定位建议。

基于你个人情况的副业规划方案

一、定位选择："微胖""黑皮"女性的「自信穿搭 + 拍照技巧」

离钱最近的核心逻辑如下。

1. 受众精准：中国女性肥胖率约 9.4%（2023 年数据），深肤色人群在审美传播中一度缺乏代表，但市场长期被"白瘦幼"审美主导，你的真实形象更能引发共鸣。

2. 变现链路短：可直接带货（提供服装、配饰相关建议），接品牌推广（可考虑大码女装、显白色彩品牌），知识付费（做穿搭课程、提供拍照指导）。

3. 差异化优势：普通穿搭博主强调"身材完美"，而你聚焦"缺陷变亮点"，更贴近普通人需求，易建立信任感。

建议标签："微胖"显瘦穿搭 |"黑皮"配色魔法 | 素人拍照技巧

二、平台推荐：小红书为主战场，今日头条为辅

1. 小红书（优先级最高）

用户匹配：70% 为 18~35 岁女性，热衷"变美"内容。搜索关键词"微胖穿搭"，笔记超 200 万篇，但多数博主

体型标准，"微胖"博主稀缺。

算法友好：封面点击率＞5%、互动率＞3% 即可获流量扶持，强视觉内容（穿搭对比图、场景化拍照）易脱颖而出。

2. 今日头条（次选）

带货优势：可通过"商品卡"直接挂链带货，适合推荐平价大码女装（如南极人、阔色品牌），单篇爆文佣金可达数千元。

暂缓入局：知乎（需长文输出）、公众号（冷启动难），待小红书粉丝破万后再同步分发。

三、从 0 到 1 实操指南（30 天启动计划）

阶段 1：账号基建（3 天）

1. 昵称公式：人群＋价值，如「"黑皮""微胖"穿搭日记」「梨形宝妈穿搭」

2. 简介模板：

"158cm/65kg | 从'土气'宝妈到被夸'会穿'

分享'微胖''黑皮'穿搭公式 | 手机拍照显瘦 10 斤技巧"

3. 视觉锤：统一封面用"对比图"（左原图＋右穿搭后），背景选日常场景（超市、公园），增强代入感

阶段 2：内容生产（"日更"1 篇，持续 21 天）

1. 爆款选题库

痛点类："'微胖'千万别穿这 3 种裤子！显胖 10 斤"

场景类："接娃放学怎么穿？宝妈平价穿搭公式"

技术流："'黑皮'显白秘籍：这个颜色让我白 2 个度"

互动类："'微胖'姐妹'点菜'！下周拍你们想看的款式"

2. 拍摄技巧

设备：iPhone 手机 + 落地支架（成本 <200 元）

构图：侧身 30 度 + 脚贴画面底部，视觉拉长比例

光线：上午 10 点 / 下午 4 点自然光，避免顶光显脸垮

阶段 3：变现启动（第 30 天起）

1. 新手合作渠道

"微胖"女装店铺置换（送衣服换笔记）

小红书蒲公英平台（粉丝数多于 1000 可接单）

今日头条商品卡（万粉开通，佣金 5% ~ 20%）

2. 话术示例

"这条裙子自购穿 3 次了！梨形身材遮胯绝了！点左下角'上车'同款"

四、示例文：定位标杆内容

标题——《"黑皮""微胖"宝妈逆袭：3 件单品穿出高级感》

正文结构

共鸣开场："当妈后胖了 20 斤，皮肤暗黄还被说'油腻'……直到我发现：'黑皮''微胖'才是天赋！今天教你们用 ZARA 品牌基础款穿出博主感。"

干货输出

技巧 1："深肤色＋金属色耳环＝贵气感飙升"（配首饰特写图）

技巧 2："廓形衬衫塞半边，水桶腰秒变沙漏腰"（附步骤动图）

技巧 3："路边奶茶店拍照法：侧坐＋伸腿＝腿长 1 米 8"（场景对比图）

行动号召："点赞收藏穿搭公式，评论区扣 1 送「'微胖'拍照姿势大全」！"

五、后续可提供的深度支持

1. 选题库定制：每月提供 30 个小红书爆款选题（含封面关键词）

2. "傻瓜式"文案模板

痛点文："××问题＋数据佐证＋解决方案＋效果对比"

带货文："自用场景＋痛点打击＋产品细节＋促销钩子"

3. 变现陪跑

粉丝破千后协助对接品牌（如大码内衣乎分、显白彩

妆橘朵）

知识付费产品设计（如《"微胖"穿搭7日训练营》大纲）

数据诊断：每周分析笔记点击率、完播率，优化内容方向

行动建议：今天先完成账号注册，拍摄一组"居家带娃 vs. 穿搭后"对比图作为首篇笔记，文案直接套用示例文结构。记住：真实缺陷＋实用技巧＝自媒体时代的最强 IP 武器

必须承认，当用活 DeepSeek 后，我们不但能成为文案高手，更能成为策划高手，前提是——你非常清晰地知道"你"的独特价值。

↑ 8.2　巧用 DeepSeek 强化，两个方向将"你"的个人特色最大化

或许依旧有人困惑：我没有任何擅长的东西，如何实现变现？

事实上，变现并不一定要从"擅长"开始。更重要的是，培养一种信念：无论是主业还是副业，积极发掘和打造自己

的"擅长点"才是关键。

这里有两个方向，或许能为你拨开迷雾，找到属于自己的路。

1. 从"小目标"开始，学一样能赚钱的本事

当个人特色不够明显时，不妨先站在离钱最近的地方，给自己定一个小目标：学一样能帮自己赚钱的本事。

这个本事可以是精进主业，也可以是开辟副业。如果暂时找不到天赋或擅长的领域，那就先把正在做的领域或感兴趣的事情做到极致。在这个过程中，你会发现自己正在一点一滴地进步和改变。

例如，秋叶大叔最初也没有给自己定"知识付费领头军"的定位。在开始的 10 年里，他只是希望每年收入比前一年多一点，于是尝试了各种兼职，多赚一点小钱。结果，10 年积累让他对职场的理解远超常人，最终打造出属于自己的品牌。因此，别等待"天赋"降临，而是从"行动"开始，让时间见证你的成长。

2. "共鸣"比优秀更重要

很多人非常优秀，有很强的专业标签，这固然是优势，但作为普通人，我们也无须焦虑，因为"共鸣"比优秀更重要。

什么是共鸣？

它是你身上独有的个性，是你有趣、有温度的一面；也

是你迷茫，很无助的一面；更是你掉入困境，积极爬起的一面。这些独一无二的经历和个性也就塑造出了独一无二的你，打动和你同频的人。事实上，能让别人产生"共鸣"比优秀更重要，优秀会让别人敬而生畏，但共鸣却让人不由自主喜欢、信任、跟随。

宋宋在成为作家前只是一名全职妈妈，每天深陷在琐碎的育儿工作中，时常情绪崩溃，担心被社会淘汰。她没学过写作，也不懂自媒体。因为太痛苦，她开始在网络上分享育儿的困惑，分享读过的好书，分享对成长的渴望，然后，就是这些困惑、渴望引起了无数读者的共鸣，她写出一篇篇 10 万 +，100 万 + 爆文，并在坚持写作 7 年后出版了图书，成为作家。

一个焦虑的全职妈妈，凭借共鸣和写作技能，最终走出了自己的路。

因此，积极去学习，行动起来，打造独一无二的你。

（1）去学习：学一个能让自己赚钱的技能。

（2）去分享：用你成长过程中的经历和收获，引发他人的共鸣。

（3）借助工具：DeepSeek 可以成为你的高效助手。在学习上，它是你的"专属私教"；在分享上，它是你的"写作小助手"。给自己时间和耐心，打造一个有优势、有温度、能给别人带来共鸣的"独一无二的你"。

↑ 8.3 读万卷书、行万里路、悟百种业，将 DeepSeek 纳为"己"用

有人或许会问：既然 DeepSeek 如此强大，能轻松写出高质量文案，那我们还需要学习吗？为什么不把一切都交给它？

答案恰恰相反：正因为 DeepSeek 如此强大，AI 迭代如此迅猛，我们才更需要加倍努力学习，充实自己——多读书、多学习、多经历、多感受。只有这样，我们才能真正驾驭这些 AI 工具，而非被它们取代。

分享一份"献给文案人的书单"，愿我们读万卷书、行万里路、悟百种业，在 DeepSeek 助力下，找到自己的路。

1. 语言类书单：文案也需要修修剪剪

文案的魅力，源自无限创意的迸发，但其稳固之基，却深植于对语言文字的精湛掌握。只有当我们对语言文字的规范有着深入骨髓的理解，我们的创意思维才能获得更为宽广的驰骋空间，才能更好地使用 AI 工具。为了助力大家夯实写作基础，掌握文案创作的底层逻辑，向大家推荐 5 本语言类佳作。

（1）《语言文字规范标准手册》（教育部语言文字信息管

理司组编）。

顾名思义，该书能方便用户查阅相关文字规范，可作为语文教学、编辑出版、中文信息处理等领域的常用规范标准，对政府工作人员、新闻工作者、广告人来说具有很高的价值。

（2）《古代汉语常识》（王力著）。

这本书内容通俗易懂，读后能对古代汉语有基本的了解。语言总在不断地发展，从古代汉语到现代汉语，语言的变化非常有趣且有规律，值得文字工作者了解。

（3）《风格练习》（雷蒙·格诺著）。

这本书内容非常有趣，是法国作家雷蒙·格诺非常著名的作品之一。这本书用了 99 种不同的叙述方式，讲述了同一个故事，创意无限，能帮助文案人开拓思维。

（4）《老舍谈写作》（老舍著）。

作为写作大家，老舍先生的作品有多脍炙人口无须赘言。在《老舍谈写作》里，他将写作的基本原则、写与读的关系、语言的运用、描写的技巧、结构等各方面，深入浅出地阐述出来，还呈现了大量生动有趣的案例。因此，这本书具有很强的指导性和实用性。

（5）《汪曾祺的写作课》（汪曾祺著）。

汪曾祺先生的文字被誉为"诗化的语言"，其魅力可见一斑。在这本书中，他精心挑选了 35 篇关于阅读和写作的文章，不仅分享了丰富的写作技巧，更以诗意的笔触引领读者感受文字之美。对于热爱文学、渴望提升写作水平的读者而言，此书无疑是一部珍贵的宝藏。

2. 故事类书单：文案高手往往也是讲故事的高手

单纯的"讲道理"令人反感，"讲故事"则是很受欢迎的沟通方式。文案高手也是讲故事的高手，能巧妙地运用文字描绘出生动的场景，使读者感同身受。

为大家推荐 4 本与故事思维有关的经典作品，深入解析故事思维的奥妙，并助你成为讲故事的高手，甚至能将 AI 调教成故事创作的得力助手。

（1）《故事思维：影响他人、解决问题的关键技能》（安妮特·西蒙斯著）。

"这是一个讲好故事比写说明书更重要的时代，广告、营销、娱乐乃至更广泛的商业领域，要求人人都必须擅长讲故事"，而作者西蒙斯正是将故事思维应用在商业领域的代表人物。书中开创性地提出了商界沟通中常用的六大类故事，并对如何在不同情境下将这些故事讲得深入人心给出了详尽的指导。掌握故事思维，文案将焕发无可抗拒的吸引力。

（2）《故事：材质·结构·风格和银幕剧作的原理》（罗伯特·麦基著）。

这部被影视行业奉为圭臬的经典之作，原本旨在为编剧提供故事创作的核心原理。然而，由于其内容深入且实用，越来越多的小说作者、文案策划人也纷纷投身其中，汲取灵感。

评论家赞誉此书既可作为高级电影鉴赏指南，又可作为文学、艺术进阶的推荐读物，甚至有读者从中领悟到了深刻的人生哲学和生活智慧。

（3）《认同感：用故事包装事实的艺术》（吉姆·西诺雷利著）。

讲故事不仅是一种策略，更是一种工具，它能有效地传递讲述者的主张，并在听众心中留下深刻印象。然而，将故事用于产品营销与真正的故事创作之间存在微妙差异。本书的重点在于阐明这种差异。

（4）《故事写作大师班》（约翰·特鲁比著）。

约翰·特鲁比是好莱坞首屈一指的故事写作顾问，他将自己 30 多年故事创作与教学经验的精华全部提炼并写进了本书中。从故事、结构、角色，到剧情、场景、对白，作者将精准、实用的故事写作技法一一道来，教会创作者找对方法，写出引人入胜的好故事。

3. 文案类书单：永远向优秀同行看齐

在任何领域，向行业翘楚学习都是实现自我提升的高效途径。推荐以下 5 本精选文案类图书，助你在文案创作的道路上不断精进，进而高效驾驭 AI。

（1）《文案的基本修养》（东东枪著）。

这本书深入剖析了文案工作的基本素养，侧重于传授文案之"道"而非简单的技巧。其行文风格生动有趣，极适合文案新手或初入创意领域的读者阅读。

作者东东枪不仅是拥有 12 年奥美公司资深文案背景的行家，还是《六里庄遗事》等作品的作者，其深厚的文字功底和丰富的创意经验在书中展现得淋漓尽致。

（2）《秒赞：文案女王 20 年创作技巧与心法》（林桂枝著）。

林桂枝被誉为"文案女王"，《秒赞：文案女王 20 年创作技巧与心法》最大的特色就是提供了丰富的"术"。这是一本可以随时翻阅、参考、学习的工具书，不管你要写朋友圈文案、视频脚本、海报文案、电商文案、品牌文案，还是其他类型的文案，都能在其中找到可借鉴的范本和灵感。作者笔力颇深，案例更是信手拈来，用户可以通过各类案例轻松理解文案知识，掌握文案写作技巧。

（3）《文案圣经：如何写出有销售力的文案》（克劳德·霍普金斯著）。

几乎没有哪个文案人不知道这本经典文案书。这是一本畅销了近百年的经典之作，也是美国 172 所高校广告学专业学生的写作必读指南。虽然成书时间久远，但这本书的经典之处就在于——"写出有销售力的文案"一点儿都不过时。

作为广告创意大师，作者第一次创造性地将优惠券、测试营销、邮寄营销和免费试用等营销思维运用到广告里。尤其令人称道的是，作者用他广告生涯中 32 个经典案例，串联起他的成长经历，并真诚地分享了他的成功经验和失败教训，可读性非常强。

（4）《一个广告人的自白》（大卫·奥格威著）。

作为奥美的创立者，大卫·奥格威的人生经历非常丰富，他做过厨师、上门推销员、市场调查员、外交官和农夫，之后才进入广告业。丰富的经历让他成长为洞察力极其敏锐的企业领导者，也让他的书具备极其明显的个人特色——字里行间全是坦率和热情，除了"怎么创作高水平的广告"，他还花了很多笔墨分享争取客户、维系客户的方法。

尽管书中案例相对较少，但其理论和观点仍具有很高的参考价值。

（5）《爆款文案：把文案变成"印钞机"》（关健明著）。

关健明擅长撰写销售类文案，他的格言就是"好文案就是印钞机"，所以这本书的核心观点也非常聚焦：文案如何写才能卖掉产品赚到钱？关健明把文案写作拆解成了 4 个有效步骤，并分享了 18 种文案技巧，这是一本极具操作性和指导意义的文案实操手册。

最后，祝愿你我，在书海中遨游，在旅途中成长，在百业中领悟，把 DeepSeek 调教成你的专属高级助手，书写属于自己的精彩篇章。